汽车车载自动诊断系统维修百日通

周晓飞 主编

化学工业出版社

·北京·

本书就车载诊断系统的重点监测内容进行讲述，对监测和诊断具体的系统和元件进行分析，包括监测机理、故障原因、故障生成条件、故障处理、故障码类型、元件控制机理等。

本书分为八章，依次为车载诊断系统概述、氧传感器监测及诊断、三元催化器监测及诊断、失火监控及诊断、燃油系统监控及诊断、废气再循环系统监控及诊断、二次空气系统监测、元件监测及诊断。本书适合汽车维修技术人员阅读，也可作专业培训参考用书。

图书在版编目（CIP）数据

汽车车载自动诊断系统维修百日通／周晓飞主编．—北京：化学工业出版社，2018.6
ISBN 978-7-122-31984-5

Ⅰ. ①汽⋯　Ⅱ. ①周⋯　Ⅲ. ①汽车-计算机网络-维修
Ⅳ. ① U472.41

中国版本图书馆 CIP 数据核字（2018）第 077796 号

责任编辑：黄　滢　　　　　　　　　　　　文字编辑：陈　喆
责任校对：宋　夏　　　　　　　　　　　　装帧设计：王晓宇

出版发行：化学工业出版社（北京市东城区青年湖南街13号　邮政编码100011）
印　　装：高教社（天津）印务有限公司
787mm×1092mm　1/16　印张12½　字数323千字　2018年8月北京第1版第1次印刷

购书咨询：010-64518888（传真：010-64519686）　售后服务：010-64518899
网　　址：http://www.cip.com.cn
凡购买本书，如有缺损质量问题，本社销售中心负责调换。

定　价：66.00元　　　　　　　　　　　　　　　　　　　　　　版权所有　违者必究

前言

车载诊断系统（OBD 系统）是为了监控发动机及其子系统的效率，从而实现对汽车废气排放的监测和控制，可以检测与发动机传感器或执行器相关的故障，并记录各种与排放相关的诊断信息和故障码。但随着当前电子产品、信息传输和网络的迅速发展，车载诊断系统已经不再限于对发动机系统效率进行监控，而是对汽车各个系统的电子模块、传感器、执行器所构成的一个完整的诊断链进行监控，同时具有信息传输提示等作用。

本书就车载诊断系统的重点监测内容进行讲述，对监测和诊断具体的系统和元件进行分析，包括监测机理、故障原因、故障生成条件、故障处理、故障码类型、元件控制机理等。

本书分为八章，依次为车载诊断系统概述、氧传感器监测及诊断、三元催化器监测及诊断、失火监控及诊断、燃油系统监控及诊断、废气再循环系统监控及诊断、二次空气系统监测、元件监测及诊断。本书适合汽车维修技术人员阅读，也可作专业培训参考用书。

本书由周晓飞主编，参加编写的人员还有万建才、边先锋、王立飞、宋东兴、董小龙、李新亮、赵朋、李飞霞、李飞云、刘振友、郝建庄、梁志全、彭飞、温云、张建军。编写过程中参考了相关的技术文献、多媒体资料及原车维修手册，同时也汇集了很多业内汽车维修高手的经验，在此一并表示衷心的感谢！

由于笔者水平有限和资料的局限性，书中难免有不足之处，敬请广大读者批评指正。

编 者

目录

第一章 车载诊断系统概述 / 1

第一节 OBD系统实施、作用和目的 / 1
一、OBD系统定义 / 1
二、OBD系统的实施阶段 / 1
三、排放监控 / 2
四、方便维修技师诊断和维修 / 2

第二节 OBD系统诊断接口 / 3
一、OBD系统诊断接口标准 / 3
二、CAN总线连接规定 / 4

第三节 OBD系统故障指示灯 / 4
一、定义 / 4
二、故障显示 / 4

第四节 OBD系统的监测 / 5
一、驾驶循环 / 5
二、OBD系统的监测对象 / 7

第五节 故障码结构和含义 / 8
一、故障码中的第一位字符 / 8
二、故障码中的第二位字符 / 9
三、故障码中的第三位字符 / 10
四、故障码中的第四、五位字符 / 11
五、非标故障码 / 11

第二章 氧传感器监测及诊断 / 13

第一节 前氧传感器 / 13
一、前氧传感器诊断原理 / 13
二、加热式前氧传感器诊断 / 15
三、宽带前氧传感器诊断 / 19
四、宽带前氧传感器故障码分析 / 22

第二节　后氧传感器 / 33
　　　　一、后氧传感器监测项目 / 33
　　　　二、后氧传感器监测 / 34
　　　　三、后氧传感器故障判断原理 / 34
　　　　四、后氧传感器加热器监测 / 35
　　　　五、加热式后氧传感器诊断 / 36
　　　　六、跳跃式特性线后氧传感器诊断 / 38

第三章　三元催化器监测及诊断 / 57

　　第一节　三元催化器概要 / 57
　　　　一、三元催化器结构及作用 / 57
　　　　二、三元催化器故障形态 / 58
　　第二节　三元催化器监测 / 59
　　　　一、三元催化器基本监测原理 / 59
　　　　二、三元催化器劣化监测 / 60
　　　　三、三元催化器劣化判断 / 62
　　第三节　三元催化器诊断 / 64
　　　　一、发动机排气不畅故障 / 64
　　　　二、电压和波形判断故障 / 64
　　　　三、温差判断故障 / 65
　　　　四、真空度判断故障 / 65
　　　　五、废气反流判断故障 / 65
　　　　六、故障码分析 / 66

第四章　失火监控及诊断 / 67

　　第一节　失火监测 / 67
　　　　一、失火监测基本原理 / 67
　　　　二、失火监测功能 / 68
　　　　三、失火监测类型 / 70
　　第二节　发动机失火诊断 / 70
　　　　一、发动机失火采集 / 70

目录

　　二、发动机运转平稳性数值和点火失火识别 / 71
　　三、发动机运转平稳性数值和熄火之间的关系 / 71
　　四、曲轴位置传感器 / 72
　　五、凸轮轴位置传感器 / 74
　　六、点火线圈 / 76
　　七、故障码分析 / 78

第五章　燃油系统监控及诊断 / 84

第一节　燃油计量监测 / 84
　　一、燃油计量说明 / 84
　　二、燃油计量监测原理 / 85
第二节　燃油蒸发系统监测 / 86
　　一、燃油蒸发系统概述 / 86
　　二、燃油蒸发系统监测原理 / 86
　　三、真空自然泄漏检测装置 / 88
　　四、燃油箱泄漏诊断模块 / 91
　　五、燃油箱单向阀 / 94
第三节　燃油系统故障码分析 / 96
　　一、燃油系统控制电路说明 / 96
　　二、燃油调节故障码分析 / 96
　　三、燃油分配管压力传感器故障码分析 / 98
　　四、喷油器故障说明 / 98
　　五、燃油泵继电器控制电路故障码 / 99
　　六、故障码诊断实例 / 99

第六章　废气再循环系统监控及诊断 / 105

第一节　废气再循环系统监测 / 105
　　一、废气再循环系统 / 105
　　二、废气再循环系统监测原理 / 106
　　三、废气再循环阀 / 106

第二节 废气再循环系统诊断 / 108
    一、EGR 功能关闭故障码分析 / 108
    二、EGR 流量故障码分析 / 109
    三、电路通断性故障码分析 / 110
    四、EGR 温度传感器故障码分析 / 112

第七章　二次空气系统监测 / 113

第一节　二次空气系统 / 113
    一、二次空气系统概述 / 113
    二、二次空气泵 / 114
    三、二次空气泵继电器 / 116
    四、二次空气压力传感器 / 117
第二节　二次空气系统监测 / 119
    一、监测范围 / 119
    二、基本监测原理 / 119
    三、监测内容 / 119

第八章　元件监测及诊断 / 121

第一节　综合部件监测 / 121
    一、综合部件监测概述 / 121
    二、间歇性故障 / 122
    三、接地检查 / 123
    四、诊断流程 / 124
第二节　发动机输入元件诊断 / 126
    一、冷却液温度传感器诊断说明 / 126
    二、冷却液温度传感器故障码分析 / 129
    三、电子节气门诊断说明 / 130
    四、节气门位置传感器故障码分析 / 132
    五、加速踏板位置传感器诊断说明 / 135

目录

六、加速踏板位置传感器故障码分析 / 137
七、热膜式空气流量计诊断说明 / 139
八、空气流量计故障码分析 / 142
九、进气温度 / 增压压力传感器诊断说明 / 143
十、增压压力传感器故障码分析 / 145
十一、爆震传感器诊断说明 / 146
十二、爆震传感器故障码分析 / 149
十三、燃油传感器诊断说明 / 151
十四、燃油传感器故障码分析 / 151
十五、机油状态传感器诊断说明 / 152

第三节 发动机输出元件监测 / 155
一、喷油器诊断说明 / 155
二、喷油器故障码分析 / 159
三、点火开关和喷射装置过载保护继电器 / 162
四、电动风扇诊断说明 / 163
五、电动风扇故障码分析 / 164
六、制冷剂压力传感器诊断说明 / 166
七、制冷剂压力传感器故障码分析 / 167
八、凸轮轴电磁阀 / 168
九、制动信号灯开关诊断说明 / 170
十、制动信号灯开关故障码分析 / 172

第四节 总线诊断 / 172
一、总线概要 / 172
二、总线类型 / 174
三、总线故障诊断 / 175

参考文献 / 176

附录 本书各章节对应的彩图 / 177

第一章

车载诊断系统概述

第一节 OBD系统实施、作用和目的

一、OBD系统定义

我国现行的GB 18352.5—2013《轻型汽车污染物排放限值及测量方法（中国第五阶段）》（即国五）和2016年末发布的在2020年实施的GB 18352.6—2016（国六），以及《轻型汽车车载诊断（OBD）系统管理技术规范》对OBD这样描述：

排放控制用车载诊断（onboard diagnostic system，OBD）系统，具有识别可能存在故障的区域的功能，并以故障代码的方式将该信息存储在电控单元存储器内。

二、OBD系统的实施阶段

1. OBD-Ⅰ

OBD-Ⅰ（未适用OBD限制的地区）始于美国，1988年美国某州将其制定为法令。各国大多在采用这个法规的基础上来颁布本国的OBD法规。

2. OBD-Ⅱ

OBD-Ⅱ（美国、加拿大）是从OBD-Ⅰ改进而来的，现在已经用于美国和加拿大，限制非常严格。1994年美国生产出了第一辆OBD-Ⅱ车辆，真正开始从OBD-Ⅰ向OBD-Ⅱ过渡。1997年，OBD-Ⅱ法规最终被美国国会制定为法律。要求所有汽车制造厂商给售后市

场提供排放控制有关的技术信息、有再编程能力的软件、所有必要的检测仪和培训资料。

3. E-OBD

欧洲自2000年1月起规定汽油发动机有义务安装E-OBD（排放标准欧洲规格3）。2004年1月1日起E-OBD还对首次注册登记的柴油机车辆（总质量在2500kg以下的轿车）进行了规定。现在，引进E-OBD的国家是最多的，我国于2007年开始引进E-OBD。

OBD-Ⅱ捕捉的所有车辆数据和故障码仍然适用于E-OBD。现在OBD系统中，所有的电脑都通过CAN线路连接。因此，E-OBD系统电脑也能利用CAN线路同时监控其他电脑的故障码和数据，检查车辆的技术状况是否符合要求。增强了新的功能和数据传输方式，例如，能远程读出车辆的所有可用数据。这些年电子和网络的发展，使OBD的功能和作用愈来愈强大，远远超出了初始只是为排放控制而设置。

4. J-OBD

日本在2008年开始实施相当严格的J-OBD法规。

三、排放监控

OBD是一个要求汽车生产商所生产的车辆具有在线诊断，判断发动机是否产生环境污染的标准。如果碳氢化合物（HC）、一氧化碳（CO）或氮氧化物（NO_x）的排放超过所规定的排放限值，汽车就会点亮故障指示灯（MIL）并记录一个诊断故障码（DTC）。超过排放标准的根本原因是汽车发生故障的零部件或系统所导致，发动机故障灯点亮时，一般可以判断是发动机系统出现了故障（包括偶发性故障和实质性故障）。

四、方便维修技师诊断和维修

OBD系统很大程度上，使维修技师的诊断维修方案得到有效统一。维修技师不用像从前那样再去专研学习汽车厂家独立的系统，就可以对相关车辆进行诊断和检修。

OBD-Ⅱ和E-OBD使得汽车故障诊断简单而统一：统一了故障码；统一了OBD诊断接口位置，标准要求检测连接器（DLC）必须安放在车内乘客视线以外的地方（DLC诊断座为统一的16端子，并装置在驾驶侧仪表板下方）；统一了电子控制部件的名称。

OBD-Ⅱ采用通用的诊断仪检测与排放相关的项目，并读取故障码（DTC），这样不需要使用各个生产商的专用诊断工具就可以获得这些信息。根据SAE制定的检测连接器（DLC）标准，可以方便地进行这些诊断仪与PCM之间的信号传输。

维修图解

比如，早期的OBD-Ⅰ阶段，发动机控制电脑有不同的名称，包括电子控制单元（ECU）、多功能控制单元（MCU）、发动机控制模块（ECM）、发动机单板控制器（SBEC）、发动机单模块控制器（SMEC），还包括许多微处理器系统的逻辑模块和动力模块。在OBD-Ⅱ系统之后，电脑一般称为动力控制模块（PCM）。OBD系统诊断接口位置见图1-1。

图1-1 OBD系统诊断接口位置（参见附录彩图）

第二节 OBD系统诊断接口

一、OBD系统诊断接口标准

设计通用的16端子数据检测连接器DLC（维修中我们一般称为诊断插口或诊断接头）和诊断仪插头适用于全部协议。协议有两个标准：一个是SAE的美国统一标准；另一个是一个协议，由国际标准组织（ISO）开发（欧洲标准）。

2006年开始车辆都配置控制器局域网络（CAN）协议，来接替以前的OBD接口［例如，自2006年9月起，在宝马X5（E70）中，第一次使用CAN］。

如表1-1所示，DLC端子1、3、8、9、11、12和13不分配任何的OBD-Ⅱ功能。汽车厂商可以根据所需的目的使用这些端子，没有标准化。

表1-1 数据检测连接器DLC（标准16端子诊断接口）

端子号	协议标定	备注	DLC图示
1/3/8/9/11/12/13	未规定	汽车厂家自由使用	
端子2	总线正极（+）（SAE）	美国标准	
端子4	接地	底盘接地	
端子5	接地	信号接地	
端子6	高速CAN（SAE）	2004年规定	
端子7	K线（ISO）	欧洲标准	
端子10	总线负极（−）（SAE）	美国标准	
端子14	低速CAN（SAE）	2004年规定	
端子15	L线（ISO）	欧洲标准	
端子16	蓄电池电源（+）		

二、CAN总线连接规定

汽车生产厂家对从2004年开始的车型执行一项新的要求，就是在诊断功能中使用控制区域网络（CAN）总线技术。这项要求（ASE J2284标准）规定总线系统必须连接在DLC的6号和14号端子上。在此之前，这些端子是由汽车生产厂家自由使用的，为了不需要重新配置新的DLC，所以就规定这项标准。

维修图解

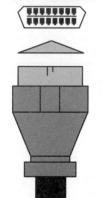

所有汽车故障诊断仪配置有与标准16号端子诊断接口相接的诊断插头（16端子连接器），SAE对其中的一些端进行了定义，这种连接器被称为J1962连接器。OBD系统诊断插/接口见图1-2。

图1-2　OBD系统诊断插/接口

第三节　OBD系统故障指示灯

一、定义

故障指示灯是组合仪表上法定的控制和报警灯。在GB 18352.6—2016中这样描述：

故障指示灯（matfunction indicator light，MIL），可见或可听到的指示器，在任何与OBD系统相连接且与排放相关的零部件或OBD系统本身发生故障时，它能清楚地通知汽车驾驶员。

二、故障显示

车载诊断系统必须能够通过故障指示灯显示任何与排放有关的部件或系统出现重大功能异常现象。被监控项目一项或多项阈值超标时，故障指示灯点亮。也就是说，系统检测到与尾气排放有关的部件或系统出现故障时，故障指示灯将向驾驶员发出警告。故障码类型和显示见表1-2。

表1-2　故障码类型和显示

对排放的影响	故障码类型	故障监控和显示
影响排放	A类	发生一次就会点亮故障指示灯和记录故障码
	B类	两个连续行程中各发生一次，才会点灯和记录故障码
	E类	三个连续行程中各发生一次，才会点灯和记录故障码
不影响排放	C类	故障发生时记录故障码，但不点亮OBD故障指示灯（汽车厂家可根据需要设置另外一个报警灯点亮）
	D类	故障发生时记录故障码，但不点亮任何警告灯

只要接通点火开关（未启动发动机），MIL点亮。如果系统工作正常，在发动机启动后，仪表板收到一个相应的检查信息，MIL灯将熄灭。

维修图解

在欧洲，故障指示灯是一盏以发动机作为图标的黄色报警灯。在美国，故障指示灯是一盏带有"SERVICE ENGINE SOON"字样的报警灯，见图1-3。

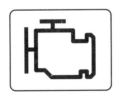

(a) 欧洲规格的故障指示灯　　(b) 美国规格的故障指示灯

图1-3　故障指示灯

维修提示

实际上维修过程中我们会发现：大部分诊断功能在非OBD系统中已经存在，很多情况诊断出故障时，会在ECU中记录故障码，但不会点亮故障指示灯。也就是说，并不是所有故障情况都会点亮故障指示灯，但故障诊断仪能检测出故障信息。

第四节　OBD系统的监测

一、驾驶循环

1. 驾驶循环概念

驾驶循环就是以发动机的启动为开始，到发动机的关闭为结束作为监测周期的汽车行驶过程。驾驶循环可以很短,也可以很长。但为了监测完整和准确,一个驾驶循环不应该低于15min,且要按顺序经过启动、怠速、加速、减速、(再)加速、保持车速、加速这样一个完整的加速循环过程。

所有汽车厂商的启动标准和使用传感器的类型虽然都很类似,但是不完全相同。只要符合OBD-Ⅱ标准,汽车厂商就可以使用他们自己的设计和软件程序。为了捕捉一个完整的监测,在一个驾驶循环内,一些车辆需要一个温度、转速和负荷变化的特定组合。一个完全的驾驶循环应该监测运行所有系统。

维修提示

驾驶循环的条件从一个监测到另一个监测以及从一辆车到另一辆车都在改变。这是执行详细的OBD-Ⅱ诊断和维修时必须确保拥有准确、详细的维修信息的根本原因。

2. 驾驶循环常规步骤

所有驾驶循环都不相同,即使是同一品牌、同一年款车型。

(1)冷启动　启动时,发动机温度必须低于50℃,环境空气温度必须低于60℃。冷启动之前,不要打开点火开关,否则不可能监测加热型氧传感器。

(2)怠速　打开空调和除霜,发动机必须运转3min。在所有情况下,尽可能多地操作电气附件和系统。这将会测试加热型氧传感器加热器、二次空气喷射、蒸发排放系统(EVAP)清污,如果达到闭环控制,就要调节燃油。

(3)加速　关闭所有电气附件。节气门打开一半,加速到88km/h。在这个阶段,将会测试燃油调节、失火和EVAP清污流量。

(4)保持温度的巡航车速　以88km/h的稳定车速驾驶3min。在这个阶段,将会监测氧传感器反应、二次空气喷射、废气再循环系统(EGR)循环、失火、EVAP清污以及燃油调节。

(5)减速　松开节气门,不踩制动踏板或离合器踏板,不换挡,以32km/h滑行。这个阶段将会测试EGR、燃油、燃油调节和EVAP清污。

(6)加速　车速增大到88~96km/h,将会测试燃油调节、失火和EVAP清污。

(7)保持巡航车速　以88km/h的稳定车速驾驶5min。在这个阶段,将会监测催化转换器、氧传感器反应、二次空气喷射、废气再循环系统、失火、燃油箱通风系统以及燃油调节。

(8)减速　松开节气门,不踩制动踏板或离合器踏板,不换挡,以32km/h的车速滑行。这个阶段将会重复监测EGR、燃油、燃油调节和EVAP清污。

维修提示

如果催化转换器功能勉强合格,或者已经断开蓄电池,可能需要5个完整的驾驶循环决定催化转换器的状态。

3. 启动标准

每次驾驶车辆时不可能运行所有监测,直到精确的工况组合触发它时,每个给定的监测才可能运行一定的时间。这组工况称为监测的启动标准。

OBD-Ⅱ系统有两种监测，即连续和非连续监测。当符合它们的启动标准，并且正在驾驶车辆的时候，总是运行连续监测。当符合它们的个别启动标准的时候，只运行非连续监测，PCM将不检测任何可能导致测试结果不精确的工况和故障。

二、OBD系统的监测对象

1. 我国现行排放标准对OBD系统监测的规定

我国现行的GB 18352—2013（国五排放标准）中对汽油发动机项目监测的描述如下。

当与排放相关的某个部件或系统失效导致排放超过规定的极限值时，OBD系统应指示出该失效。OBD系统应至少监测NMHC和NO_x污染物来判断催化转换器的效率是否下降。制造厂可以单独监测前催化转换器，或者与其下游相邻的催化转换器结合在一起进行监测。当NMHC或NO_x排放量超过规定的极限值时，应认为各被监测的催化转换器或催化转换器组出现故障。

用于监测催化转换器故障的所有氧传感器的劣化情况均应被监测。

如果对所选择的燃料有作用，失效后将导致排气污染物超过给出限值的其他排放控制部件或系统，或与电控单元相连并与排放有关的动力部件或系统。

除非另有监测，否则对其他任何与排放有关的，且与电控单元相连接的动力部件，包括任何能实现盐测功能的相关传感器，均应监测其电路的连通状态。对蒸发污染物电控脱附系统，应至少监测其电路的连通状态。

对于装缸内直喷点燃式发动机的汽车，任何可能导致排放超过规定的颗粒物极限值的故障，均应被监测。

2. OBD-Ⅱ监测项目

OBD-Ⅱ把车辆的发动机控制系统分为多个子系统来监测，包括三元催化转换器（也叫三元催化器）、发动机失火、燃油系统、氧传感器、蒸发系统、废气再循环（EGR）系统、二次空气系统、综合部件监测和氯氟烃（CFC）监测，以及后来增加的空调系统、节温器、曲轴箱强制通风系统等。

为了排放达标，很重要的就是要确保催化转换器连续有效率地工作。三元催化转换器失效的两个主要原因是喷油过量和点火失火。因此，OBD-Ⅱ连续进行的是失火、燃油系统以及综合元件监测。

> **维修提示**

车辆运行工况监测是PCM执行测试的基本内容，OBD-Ⅱ监测的每个系统和元件，其实都直接或间接地控制排放。例如，当收到指令时，如果自动变速器液力变矩器离合器无法接合，就会影响废气排放。OBD系统的PCM将会使自动变速器进入应急模式，并且点亮MIL灯提醒驾驶员。为了使效率最大化，在特定的车辆运转工况下，PCM运行相应的监测。

（1）三元催化转换器监测　通过使用上游氧传感和下游氧传感器监测三元催化转换器的转化效率。下游氧传感器也叫后氧传感器（三元催化转换器后的氧传感器），用于监测通过催化剂后的排气中的氧含量，用来判断催化转换器中的储氧能力。

（2）发动机失火监测　失火是指气缸内的混合气没有燃烧或燃烧不完全。失火有三种类型。A类失火是在曲轴200r/min的时间内，出现百分之一的失火，这种类型的失火会导致三元催化转换器的损坏，使MIL灯开始闪烁。B类失火是在曲轴1000～3200r/min的时间内，出现百分之一的失火，这类失火将会导致车辆排放超出FTP标准的1.5倍；当出现这种类型的失火时，MIL灯将超出FTP标准的1.5倍；当出现这种类型的失火时，MIL灯将会一直闪亮。C类失火与B类失火基本相同。

（3）燃油系统监测　燃油系统监测用来检查可能会导致燃油系统供给的混合气过稀或过浓的故障，这种故障会导致排放过度。OBD-Ⅱ法规要求连续监测燃油供给系统，使其始终满足排放标准的要求，法规要求监测长期燃油修正限值，并将维持在理论空燃比附近。

（4）加热型氧传感器监测　氧传感器是PCM所依赖的最重要的信息来源。在发动机运行过程中，OBD-Ⅱ系统持续监控氧传感器的工作灵敏度、氧传感器信号电压以及氧传感器的加热器。

（5）废气再循环（EGR）监测　EGR系统执行一项非常重要的排放工作，就是把已经燃烧的排气适量送回进气系统。废气再循环监测器持续监测差压反馈传感器与PCM的电路状态。当汽车加速并且排气背压增加时，PCM执行EGR信号压力软管检查，从而判断软管是否脱开、泄漏、堵塞或颠倒。这项检查在每个行驶循环只执行一次。

（6）蒸发排放（EVAP）系统监测　蒸发排放系统与EGR系统一样，不同制造厂和车型的EVAP系统都不相同。但是，所有EVAP系统必须不发生泄漏。监测EVAP系统，以便确保燃油系统能防止燃油蒸气蒸发进入大气；监测EVAP转换阀和传感器，以便确保系统能够将储存的燃油蒸气排入发动机进气系统，以进入燃烧室燃烧。

（7）二次空气喷射（AIR）监测　OBD-Ⅱ对配备二次空气喷射系统的车辆排气中的气流进行监测，并对二次空气泵、所有开关和电磁阀进行功能监测。车辆排气中的气流进行监测功能是通过氧传感器信号来实现的，当二次空气喷射系统工作时，新鲜空气被喷入排气管，排气管内存有大量的氧气，氧传感器信号指示为稀，因此PCM能够根据氧传感器信号来判断二次空气系统工作是否正常。

（8）综合部件（CCM）监测　综合部件监测也就是对传感器和执行器的监测。在一般术语里，综合部件监测用于检查短路、断路以及PCM正确控制发动机系统的许多输入和输出之间的合理性读数。如果传感器或执行器超出规定范围，则CCM在常通电存储器（KAM）中储存一个故障信息或诊断故障码。如果某个与尾气排放控制相关部件发生故障，而且该故障在第二个行程中得到了确认，那么MIL将点亮。

（9）氯氟烃（CFC）监测　氯氟烃监测，车辆在早期使用R-12制冷剂时候的监测。

第五节　故障码结构和含义

一、故障码中的第一位字符

故障码包含了五个字符，第一个是字母，后边的四个是数字。表1-3为故障码第一位字符含义。

表1-3 故障码第一位字符含义

字母	含义	举例	
P	动力系统 DTC	P0300	气缸点火缺失，造成三元催化转换器损坏
C	底盘 DTC	C1492	左后轮速传感器故障
B	车身 DTC	B1018	左前转向灯损坏或信号线短路或断路，故障当前存在
U	通信网络 DTC	U1113	接收的错误数值导致功能受限

二、故障码中的第二位字符

1. 故障码P0×××

故障码中，以"0"开头的"P"代码为由ISO标准控制的代码（例如P0099），所有汽车制造商都相同，由ISO/ASE预先确定。

① P0100系列代码与燃油和空气计量有关。
② P0200系列代码也与燃油和空气计量有关。
③ P0300系列代码与点火系统和缺火状态有关。
④ P0400系列代码与辅助排放控制系统有关。
⑤ P0500系列代码与车速、怠速控制系统和辅助输入有关。
⑥ P0600系列代码与控制单元内部故障或在多路通信系统内连接控制单元和其他控制模块的专用电路有关。
⑦ P0700系列代码与变速箱控制功能有关。
⑧ P0800系列代码也与变速箱控制功能有关。
⑨ 代码的最后两位数字指有各自诊断程序的特定子系统。例如，P0115特指发动机冷却液温度传感器。
⑩ 一些P0200和P0300系列代码的最后两位数字用于识别检测到故障的特定发动机气缸。例如，P0300表示多个气缸缺火，P0301表示1缸缺火，P0302表示2缸缺火等。
再例如，P0200表示喷油器电路断路，P0201表示1缸喷油器电路断路，P0202表示2缸喷油器电路断路，P0203表示3缸喷油器电路断路，P0206表示6缸喷油器电路断路，P0211表示11缸喷油器电路断路，P0212表示12缸喷油器电路断路等。

2. 故障码P1×××

故障码中，以"1"开头的"P"代码为由汽车制造商控制的代码（例如P11××，汽车厂家控制燃油和空气流量），是由汽车制造商预先确定好的，也有可能是制造商特有的，但也属于标准代码。

3. 故障码P2×××

故障码P2×××也属于标准故障代码，是标准化代码（SAE/ISO）分出的区域，以及特定制造商代码。有些是ISO、SAE预留的，有些是已经发布的故障代码。

例如，故障码P2099表示后催化转换器燃油调节系统太浓，2列；故障码P2199表示进气温度传感器故障；故障码P28××是ISO/SAE预留的。

4. 故障码P3×××

故障码P3×××也属于标准故障代码。有些是ISO、SAE预留的，有些是已经发布的故障代码。P30××、P31××、P32××都表示燃油和空气计量，以及辅助排放控制装置；P33××表示点火系统失火；P35××、P36××、P37××、P38××、P39××都是ISO/SAE预留的标准代码。例如，P3401表示1缸断缸/进气门控制电路断路，P3411表示2缸断缸/进气门控制电路低，P3477表示10缸排气门控制电路断路，故障码P3488表示11缸排气门控制电路高。

三、故障码中的第三位字符

故障码P0×00中第三个字符确认故障码发生的系统或子系统。每个故障码的范围按照它们有关的功能组织。故障码第三位字符含义见表1-4。

表1-4　故障码第三位字符含义

字符	含义		举例
0	空燃比计量和辅助排放控制装置	P0001	燃油量调节器控制电路断路
		P0099	进气温度2号传感器电路间歇性故障/不稳定
1	燃油和空气供应的测量	P0100	表示质量或体积空气流量传感器电路故障
		P0199	发动机机油温度传感器电路间歇性故障
2	燃油和空气供应的测量（喷油器电路）	P0216	喷油器/喷油点火正时控制电路
		P0209	9缸喷油器电路断路
3	点火系统/失火	P0300	多缸失火
		P0312	发现12缸失火
4	辅助尾气排放控制设备	P0400	排气再循环流量
		P0410	二次空气喷射系统
5	车速/急速设置和其他输入	P0500	车速传感器A
		P0505	急速空气控制系统
6	计算机和其他输出电路	P0600	串行通信输出
		P0654	发动机转速输出电路
7	变速器	P0702	变速器控制系统电气
		P0777	压力控制电磁阀C卡在ON

续表

字符	含义	举例	
8	变速器	P0801	倒挡禁止控制电路
		P0899	变速器油控制系统 MIL 灯需求电路高
9	变速器	P0900	离合器执行器电路断路
		P0999	换挡电磁阀 F 控制电路高
A	表示混合动力	P0A00	电动机电子装置冷却液温度传感器电路
		P0A10	DC/DC 转换器电路输入高

四、故障码中的第四、五位字符

故障码中后两位字符表示触发故障码的条件，具体地表示了实际部件或特定的故障名称。故障码编号是从00～99，不同的传感器、执行器和电路分配了不同区段的数字编号。这些数字提供了比较具体的信息，如电压低或高、响应慢、信号超出范围等。

例如，P0033表示涡轮增压器旁通阀控制电路，P0088表示燃油管/系统压力太高，P0165表示氧传感器电路反应慢（2列3号传感器），P0997表示换挡电磁阀F控制电路范围/性能故障等。

五、非标故障码

有些车厂家会自己设置和增加一些故障码，这些故障码分两个类型。

同一诊断监控和故障描述既有SAE/ISO的标准故障码，也有厂家自己设置的故障码，这里我们暂称为"双码"。例如，"后氧传感器信号对地短路（监控三元催化转换器后氧传感器的电压和电阻）"这个故障在SAE/ISO标准故障码中为P0137，在宝马自己厂家设置的故障码中为12A902。"双码"举例见表1-5。

表1-5 故障码"双码"举例

SAE 标准故障码	非标故障代码	故障解释
P0171	118401	混合气调节：气油混合气过稀，偏差过大
P0171	118401	混合气调节：气油混合气过稀，偏差大
P2742	420E25	储油腔温度传感器2：对地短路信号
P2742	421901	变速箱油温度传感器2：对地短路

除了上述"双码"，另一类是汽车厂家自己独有的故障码，而这些故障码在SAE/ISO标准中是不存在的，这里我们暂称为"独码"。例如，故障码258700，它表示柴油颗粒过滤器前的废气压力传感器信号过低（系统诊断监控到微粒过滤器上的排气背压低于下部极限值时，识别为故障），而这个故障码258700在此是唯一的，在标准故障码中没有。"独

码"举例见表1-6。

表1-6 故障码"独码"举例

SAE 标准故障码	非标故障代码	故障解释
无	002742	局域互联网总线：故障，IBS 或冷却液泵
无	002742	局域互联网总线，通信：缺少
无	002781	紧急运行系统：高压蓄电池。请求打开快速接触器
无	002781	电动风扇：PWM 故障

第二章 氧传感器监测及诊断

第一节 前氧传感器

一、前氧传感器诊断原理

1. 闭环控制

前氧传感器是通过氧化锆元件检测出废气中残留的氧浓度,从而检测出空燃比的传感器。

前氧传感器安装在排气歧管或三元催化器前部(图2-1),它有一个一端封闭的陶瓷氧化锆管,管的外表暴露在废气中,内表面暴露在大气中。它检测废气中的氧气浓度,与环境空气中的氧含量比较。氧化锆元件的外侧接触废气,内侧接触大气,这样氧化锆元件的两侧会有氧气的浓度差,因而产生电压。对于前氧传感器的电压,如果空燃比在浓混合气状态,则在1V附近;如果在稀混合气状态,则在0V附近。将产生的该电压反馈给ECM(PCM),以前氧传感器的电压为基础进行控制,使可燃混合气浓度保持在理论空燃比附近。氧化锆氧传感器结构见图2-2。

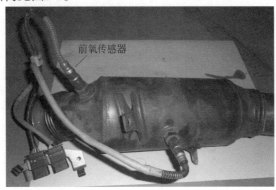

图2-1 安装在三元催化器上的前氧传感器(参见附录彩图)

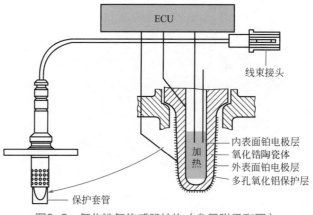

图2-2 氧化锆氧传感器结构（参见附录彩图）

维修图解

前氧传感器作用就是检测空燃比，实现空燃比闭环控制，闭环控制框图见图2-3。

图2-3 闭环控制

2. 故障判断原理

PCM（ECM）基于以下条件监控前氧传感器反馈。

（1）灵敏度　即前氧传感器从稀到浓再到稀的循环时间。传感器响应时间过长时，PCM检测到故障。

（2）导通性　如果前氧传感器电压恒定在大约0.3V，PCM检测到开路。当出现中毒或者老化后，前氧传感器的电压周期大大增加或者前氧传感器的信号电压将变得平直（图2-4）。

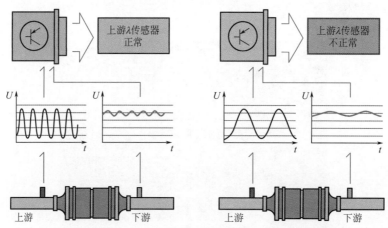

图2-4 前氧传感器故障判断原理示意图（参见附录彩图）

（3）输出电压　PCM监控氧传感器输出电压。氧传感器的最高和最低电压不能达到规定值时，PCM检测到故障。如果前氧传感器发生故障，PCM将燃油喷射系统反馈控制从闭环切换到开环并存储故障码。

二、加热式前氧传感器诊断

废气中的氧气密度与大气中的相差较大时，氧化锆产生大约1V的电压。（浓状态）废气中的氧气密度与大气中的相差较小时，氧化锆产生大约0V的电压。（稀状态）传感器信号发送至ECM，ECM以调整喷油脉宽以达到三元催化器效率最高的理想空燃比。在电压由大约1V完全变为0V时产生最理想的空燃比。

维修图解

如果前氧传感器信号电压较高或长时间保持在较高电压（0.8~1V），表示混合气较浓，ECM减小喷油脉宽使混合气变稀。
如果前氧传感器信号电压较低或长时间保持在较低电压（0~0.1V），表示混合气较稀，ECM增加喷油脉宽使混合气变浓。
空燃比示意图如图2-5所示。

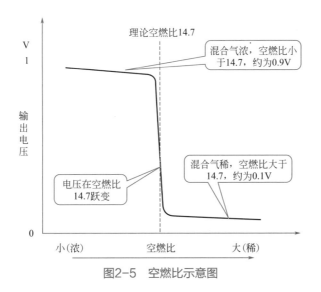

图2-5　空燃比示意图

1. 故障码P0134诊断

（1）故障描述　加热式前氧传感器电路活性不足——传感器1。
（2）故障原因
① 加热式前氧传感器高电平信号，开路或高电阻。
② 加热式前氧传感器低参考电压。
（3）故障生成原理　加热式前氧传感器（HO_2S）用于燃油控制和后催化剂监测。每个加热式前氧传感器将环境空气的氧含量与废气流中的氧含量进行比较。加热式前氧传感器

必须达到工作温度以提供准确的电压信号。加热式前氧传感器内部的加热元件使传感器达到工作温度所需的时间为最短。

当发动机首次启动时，发动机控制模块（发动机控制单元）在开环状态下运行，忽略加热式前氧传感器电压信号。一旦加热式前氧传感器达到工作温度并达到"闭环"运行条件，加热式前氧传感器将在0～1000mV范围内产生围绕450mV上、下波动的电压。加热式前氧传感器电压较高，表明废气流较浓。加热式前氧传感器电压较低，表明废气流较稀。

故障码P0134为电路监测。

维修图解

发动机控制模块检测到氧传感器电压信号始终保持在一个电压0.3V，如果读取该电压的时间比规定时间长，则判断为故障，生成故障码P0134，见图2-6。

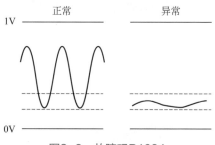

图2-6　故障码P1034

2. 故障码P1143诊断

故障码P1143为混合气稀变化监测。

维修图解

前氧传感器的输出电压被监控以确定"浓"输出是否足够高（例如大于约0.6V），以及"稀"输出是否足够低（例如小于约0.35V）。如果两个输出均变到稀侧（前氧传感器的最高和最低电压均低于规定值），则检测到故障，生成故障码P1143，见图2-7。

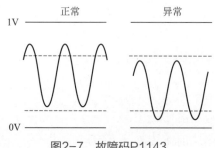

图2-7　故障码P1143

3. 故障码P1144诊断

故障码P1144为混合气浓变化监测。

维修图解

在监控传感器输出电压期间，如果两个输出均变到浓侧（前氧传感器的最高和最低电压均高于规定值），也检测到故障，生成故障码P1144，见图2-8。

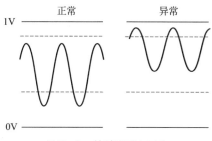

图2-8 故障码P1144

4. 故障码P0133诊断

（1）故障描述　加热式前氧传感器电路响应慢——传感器1。P0133是B类故障诊断码。
（2）故障原因　加热式前氧传感器由浓变稀或由稀变浓的平均响应时间超过规定值。
（3）故障生成原理　故障码P0133为响应监测。

加热式前氧传感器监控器会跟踪氧传感器信号上升和下降过程中的电压变化速率。当电压变化速率低于校准值时，发动机控制模块就会开始修改空燃比，试图提高氧传感器的电压变化速率。如果发动机控制模块已经达到可以接受的燃油修正限制或者已超过可接受的燃油修正的时间长度，而仍然没有监测到可以接受的电压变化速率的话，该故障码就会出现。故障原因包括氧传感器由于燃油污染、氧传感器信号电路开路所导致的故障，以及排气管或排气歧管泄漏、电子控制模块（PCM或ECM）故障等。

维修图解

发动机控制模块测量加热式前氧传感器由稀（例如约0.35V）到浓（例如约0.55V）或由浓到稀循环所用的时间。如果这些时间的总和大于规定值，则检测到故障，生成故障码P0133，见图2-9。

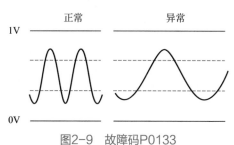

图2-9 故障码P0133

5. 故障码P0132诊断

（1）故障描述　加热式前氧传感器电路电压过高——传感器1。
（2）故障原因　加热式前氧传感器高电平信号对电压短路。
（3）故障生成原理　故障码P0132为前氧传感器高电压监测。

维修图解

发动机控制模块检查加热式前氧传感器的电压输出不应过高（例如大于约1.1V）。如果ECM读取到过高的电压，则判断为故障，生成故障码P0132，见图2-10。

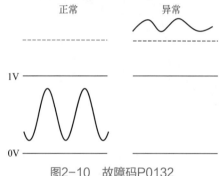

图2-10　故障码P0132

6. 故障码P0135诊断

（1）故障描述　前氧传感器加热器电路——1列1号传感器。
（2）故障原因　发动机控制模块检测到用于测定废气中氧含量的电路有问题，如果是前氧传感器信号电路和接地线电路所导致的故障，则故障码P0135就会出现。
（3）故障生成原理　故障码P0135为电压监测。

维修图解

发动机控制模块根据发动机转速控制氧传感器加热器的打开和关闭操作。加热器在特定的发动机转速下打开和关闭。ECM通过测量内置在加热器电路内的特定电阻两侧的电压来监控加热器电流。如果电压超出规定水平，则判断为故障，生成故障码P0135，见图2-11。

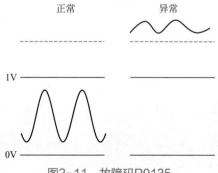

图2-11　故障码P0135

三、宽带前氧传感器诊断

1. 宽带前氧传感器监测原理

宽带前氧传感器不断测量废气中的残余氧含量。残余氧含量的摆动值作为电压信号继续传送给发动机控制模块。发动机控制系统通过喷射修正混合气成分。

2. 功能结构

宽带前氧传感器的传感机构由二氧化锆陶瓷层（层压板）组成。层压板中插入的加热元件确保快速加热到至少760℃的必要工作温度。宽带前氧传感器具有两个元件，一个所谓的测量元件和一个参考元件。这两个元件上涂有铂电极，见图2-12。

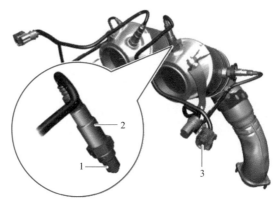

图2-12　宽带前氧传感器
1—宽带前氧传感器；2—壳体；3—6芯插头连接（5芯被使用）

通过宽带前氧传感器可以无级测得一个介于0.65和空气过量系数之间的空燃比（稳定的特性线）。为了实现完全而完美的燃烧，需要的空燃比为14.7∶1。实际输送的空气质量与化学计算的空气质量之间的比称为空气过量系数。在车辆正常运行时空气过量系数会摆动。发动机在空气不足（空气过量系数约0.9，等于浓混合气）时具有最佳功率。发动机在空气过量（空气过量系数约1.1，等于稀混合气）时油耗最低。当混合气在空气过量系数=1时，废气催化转换器可最佳地减少有害物质的排放。转换率（即已转换的有害物质部分）在先进的废气催化转换器上达98%至几乎100%。油气混合气的最佳成分由发动机控制调节。宽带前氧传感器这时提供关于废气成分的基本信息。

3. 结构和内部原理

维修图解

在氧元泵元件上施加一个电压，于是很多氧气被抽送到测量元件中，直到测量元件的电极之间出现一个450mV的电压为止，产生的泵电流是空燃比的测量值，于是可在燃烧室内建立每个理想的空燃比。宽带前氧传感器电路见图2-13。

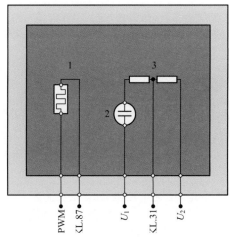

图2-13 宽带前氧传感器电路

1—宽带前氧传感器加热器；2—参考元件（Nernst元件）；3—测量元件（Nernst和氧元泵元件）；PWM—宽带前氧传感器加热装置按脉冲宽度调制的控制；KL.87—蓄电池电压，总线端15接通；U_1—参考元件电压；KL.31—虚拟接地；U_2—泵室电压

4. 特性和参数

（1）宽带前氧传感器特性　图2-14为宽带前氧传感器特性。宽带前氧传感器针对的是自空气过量系数为0.65起扩大的测量范围。调控用传感器的其他优点是较高的温度耐受性、响应时间缩短到30ms以下，以及较高的信号精确度。

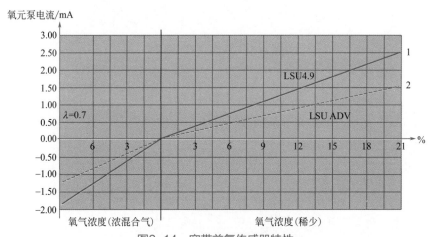

图2-14 宽带前氧传感器特性

1—氧传感器特性线（LSU意思为通用氧传感器）；
2—宽带前氧传感器的特性线（LSU ADV意思为高级通用氧传感器）

（2）宽带前氧传感器参数　见表2-1。

表2-1 宽带前氧传感器参数

说明	参数范围
前氧传感器加热装置电压范围	10.7～16.5V

续表

说明	参数范围
宽带前氧传感器加热装置不超过 5s 的电压	12V
宽带前氧传感器加热装置不超过 6.5s 的电压	9V
工作温度	760℃
20℃时的加热电阻	2.0～3.2Ω
最大空气泵电流	1.5mA

5. 诊断说明

（1）部件失灵　在宽带前氧传感器失灵时，预计将出现以下情况。
① 在发动机控制单元中记录故障代码。
② 调校值或用替代值的紧急运行。
③ 组合仪表中排放警示灯亮起。

（2）一般提示　诊断的下列监控功能检查发动机和排气系统的状态。
① 宽带前氧传感器调校值：空燃比调校（混合气调校）用于补偿影响混合气的部件公差和老化效应。
② 三元催化转换器诊断：此诊断检查废气催化转换器的氧气存储能力。氧气存储能力是废气催化转换器转换能力的一个指标。

> **知识贴**

理论空燃比都很熟悉，就是理论空气和燃油的质量比为14.7∶1，当一份质量的燃油和14.7份的空气进行充分混合，然后进行压缩并燃烧，所生成的一氧化碳（CO）、烃类化合物（HC）和氮氧化合物（NO_x）最少。

那什么是λ（Lambda）？多数人会把λ和空燃比搞混在一起。确切地讲，其实λ为过量空气系数，在空燃比为14.7的时候，λ为1。例如，数据流看到的λ为0.8时，此时的空燃比就为11.76∶1，为大负荷状态时的空燃比，为浓混合气。

为了满足越来越严格的排放标准，很多厂家利用"稀薄燃烧技术"，这样就会使λ达到1.2、1.3甚至更高，空燃比可以达到18∶1。

一般的4线前氧传感器只能说明混合气是否浓或者稀，而随着混合气的控制范围加宽，这样的窄域前氧传感器无法满足空燃比的控制要求。逐渐地就开始使用宽带前氧传感器，宽带前氧传感器不但能监控混合气是否浓或者稀，还能精确地监测具体浓多少或稀多少。

宽带前氧传感器可精确测量从λ＞0.7（浓混合气）到λ＜4（纯空气）的λ值范围。λ=4时，约等于60份空气比一份燃油。

四、宽带前氧传感器故障码分析

1. 故障码P0130分析

（1）故障描述　三元催化转换器前氧传感器，加热器故障。

（2）故障原因　该故障为电气故障。系统诊断监控三元催化转换器前氧传感器的温度。

（3）故障生成原理　如果三元催化转换器前氧传感器在加热后仍达不到工作温度，则会识别到故障，生成故障码P0130。

（4）故障识别条件

① 电压识别条件：车载网络电压在9～16V之间。

② 温度识别条件：发动机温度高于80℃。

（5）故障存储条件和显示　立刻记录故障，故障指示灯点亮。

（6）故障处理措施　检查发动机控制单元和三元催化转换器前氧传感器之间的电线束。更换三元催化转换器的前氧传感器。

2. 故障码P0131分析

（1）故障描述　三元催化转换器前氧传感器，对地短路。

（2）故障原因　可能的故障原因：

① 废气催化转换器前氧传感器的电线束损坏；

② 废气催化转换器前氧传感器损坏；

③ 发动机控制单元损坏。

（3）故障生成原理　该故障为信号线对地短路，诊断监控氧传感器内部组件的信息，故障可通过自诊断识别，生成故障码P0131。

（4）故障识别条件

① 电压条件：无。

② 温度条件：无。

③ 时间条件：1s。

④ 其他条件：发动机运转，未存储其他故障。

（5）故障存储条件和显示　如果故障存在时间超过0.5s，则被记录。发动机故障指示灯点亮。

（6）故障处理措施

① 检测废气催化转换器前氧传感器的电线束。

② 更新废气催化转换器前氧传感器。

③ 更换发动机控制单元。

3. 故障码P0132分析（一）

（1）故障描述　三元催化器前氧传感器信号线对正极短路。

（2）故障原因　可能的故障原因：

① 废气催化转换器前氧传感器的电线束损坏；

② 废气催化转换器前氧传感器损坏；

③控制单元损坏。

（3）故障生成原理　诊断系统监控内部氧传感器模块的信息。故障可通过自诊断识别，生成故障码P0132。

（4）故障识别条件　未存储其他故障；总线端15接通。

①电压条件：无。

②温度条件：无。

③时间条件：1s。

（5）故障存储条件和显示

①故障存储条件：如果故障存在时间超过0.5s，则被记录。

②故障显示：

a.发动机故障指示灯点亮；

b.电子式发动机功率下降：关闭；

c. CC信息：一个。

（6）故障处理措施

①检测废气催化转换器前氧传感器的电线束。

②更换废气催化转换器前氧传感器。

③更换发动机控制单元。

4. 故障码P0132分析（二）

（1）故障描述　如果在废气催化转换器前氧传感器正常运行期间此前氧传感器信号的原始值超出极限值，则记录该故障。极限值：3200mV。

（2）故障识别条件　在监控时以下条件必须激活。

①校准未激活。

②前氧传感器加热装置已激活。

③在排气背压较高时，前氧传感器电压可能超过极限值。因此，前氧传感器安装位置处已过滤的排气背压必须低于阈值。

极限值：1700mbar（1bar=10^5Pa）。控制单元电压：9.5～16V。

（3）故障存储条件和显示　如果故障存在时间超过下列时间间隔，则记录故障（反跳时间）：500ms。

（4）故障处理措施

①检查导线和插头连接。

②检查排气系统是否不密封和损坏。

如果前面进行的检测都正常，则更换废气催化转换器前氧传感器。

5. 故障码P0133分析（一）

（1）故障描述　该诊断监控强制激励时前氧传感器信号的振幅比。如果振幅比的衰减超过0.9，则识别到该故障。

（2）故障原因　可能的故障原因：

①三元催化转换器前氧传感器损坏；

②三元催化转换器后氧传感器损坏；

③三元催化转换器后氧传感器的电线束损坏。

（3）故障识别条件　总线端KL.15接通。

① 电压条件：无。

② 温度条件：发动机温度＞85℃。

③ 时间条件：无。

④ 其他条件：

a．在中等转速时以50～80km/h的车速行驶；

b．未存储其他故障。

（4）故障存储记录条件　如果故障存在时间超过400s，则被记录。

（5）故障处理措施

① 检测前氧传感器的电线束。

② 更换三元催化转换器前氧传感器。

③ 更换三元催化转换器后氧传感器。

（6）驾驶员信息

① ECE排放警示灯：接通。

② US排放警示灯：接通。

③ ECE电子发动机功率降低：关闭。

④ US电子发动机功率降低：关闭。

⑤ CC信息：无。

（7）服务提示　无。

6. 故障码P0133分析（二）

（1）故障描述　诊断系统监控强制激励时的空燃比信号振幅比。

（2）故障识别条件　总线端KL.15接通。

① 电压条件：无。

② 温度条件：发动机温度高于85℃。

③ 时间条件：无。

④ 其他条件：

a．在中等转速下以50～80km/h的中等车速行驶；

b．未存储其他故障。

（3）故障存储记录条件　如果故障存在时间超过400s，则被记录。

（4）故障处理措施

① 检查前氧传感器电线束。

② 更换三元催化转换器前氧传感器。

③ 更换三元催化转换器后氧传感器。

（5）驾驶员信息　排放警示灯和发动机警告灯。

7. 故障码P0133分析（三）

（1）故障描述　诊断系统监控强制激励时的空燃比信号振幅比。如果振幅比阻尼超过0.9，便将识别出该故障。

（2）故障原因　可能的故障原因：

① 三元催化转换器前氧传感器损坏；

② 三元催化转换器后氧传感器损坏；
③ 三元催化转换器后氧传感器的电线束损坏。
（3）故障识别条件　总线端KL.15接通。
① 电压条件：无。
② 温度条件：发动机温度＞85℃。
③ 时间条件：无。
④ 其他条件：
a. 以50～80km/h的车速，以中等转速行驶；
b. 未存储其他故障。
（4）故障存储记录条件　如果故障存在时间超过400s，则被记录。
（5）故障处理措施
① 检查前氧传感器电线束。
② 更换三元催化转换器前氧传感器。
③ 更换三元催化转换器后氧传感器。
（6）驾驶员信息
① ECE排放警示灯：接通。
② 美规排放警示灯：接通。
③ ECE发动机电功率下降：关闭。
④ 美规发动机电功率下降：关闭。
⑤ CC信息：接通。
（7）服务提示　无。

8. 故障码P0133分析（四）

（1）故障描述　诊断系统监控强制激励时的空燃比信号振幅比。如果振幅比阻尼超过0.9，便将识别出该故障。
（2）故障原因　可能的故障原因：
① 三元催化转换器前氧传感器损坏；
② 三元催化转换器后氧传感器损坏；
③ 三元催化转换器后氧传感器的电线束损坏。
（3）故障识别条件　总线端KL.15接通。
① 电压条件：无。
② 温度条件：无。
③ 时间条件：无。
④ 其他条件：
a. 以50～80km/h的车速，以中等转速行驶；
b. 未存储其他故障。
（4）故障存储记录条件　如果故障存在时间超过400s，则被记录。
（5）故障处理措施
① 检查前氧传感器电线束。
② 更换三元催化转换器前氧传感器。
③ 更换三元催化转换器后氧传感器。

(6)驾驶员信息

① MJ10

a. 排放警示灯ECE：接通。

b. 电子式发动机功率下降ECE：关闭。

c. CC信息：一个。

② MJ11

a. 排放警示灯ECE：接通。

b. US排放警示灯：接通。

c. 电子式发动机功率下降ECE：关闭。

d. 电子式发动机功率下降US：关闭。

e. CC信息：一个。

9. 故障码P0133分析（五）

（1）故障描述　诊断系统监控强制激励时的空燃比信号振幅比。如果振幅比阻尼超过0.9，则会识别到该故障。

（2）故障原因　可能的故障原因：

① 三元催化转换器前氧传感器损坏；

② 三元催化转换器后氧传感器损坏；

③ 三元催化转换器后氧传感器的电线束损坏。

（3）故障识别条件　总线端KL.15接通。

① 电压条件：无。

② 温度条件：发动机温度>85℃。

③ 时间条件：无。

④ 其他条件：

a. 以50～80km/h的车速，以中等转速行驶；

b. 未存储其他故障。

（4）故障存储记录条件　如果故障存在时间超过400s，则被记录。

（5）故障处理措施

① 检查氧传感器电线束。

② 更换三元催化转换器前氧传感器。

③ 更换三元催化转换器后氧传感器。

（6）驾驶员信息

① ECE排放报警灯：接通。

② US排放警示灯：接通。

③ ECE电子发动机功率降低：关闭。

④ US电子发动机功率降低：关闭。

⑤ CC信息：接通。

10. 故障码P0133分析（六）

（1）故障描述　本诊断将监控废气催化转换器前氧传感器的动态性。如果三元催化转换器前氧传感器对于废气中的氧含量变化反应过于迟钝，则识别到该故障。

（2）故障识别条件　总线端KL.15接通。
① 电压条件：车载网络电压在9～16V之间。
② 温度条件：发动机温度高于80℃。
③ 时间条件：无。
④ 其他条件：
a. 采用中等发动机转速（1400～3240r/min）以50～80km/h的速度匀速行驶；
b. 没有关于混合故障的故障记录。
（3）故障存储记录条件　如果故障存在时间超过1min，则记录该故障。
（4）故障处理措施
① 联锁故障，排除下列部件/功能故障：混合气调节；VANOS；燃油箱排气装置；点火开关；喷射装置；曲轴传感器；凸轮轴传感器；节气门。
② 检查下列部件之间的导线和插头连接：发动机电子系统；废气催化转换器前氧传感器。
③ 检查废气催化转换器前、后氧传感器是否混淆。
④ 检查曲轴箱通风。
⑤ 更换废气催化转换器前氧传感器。
（5）驾驶员信息　排放警示灯。

11. 故障码P0133分析（七）

（1）故障描述　本诊断将监控废气催化转换器前氧传感器的动态性。如果废气催化转换器前氧传感器反应过慢，则识别到故障。
（2）故障识别条件　总线端KL.15接通。
① 电压条件：供电电压介于9～16V之间。
② 温度条件：冷却液温度高于80℃。
③ 时间条件：无。
④ 其他条件：
a. 采用中等发动机转速（1400～3240r/min）时在50～80km/h之间定速行驶；
b. 无可能导致气油混合气故障的故障记录。
（3）故障存储记录条件　如果故障持续时间超过1min，则需进行记录。
（4）故障处理措施
① 联锁故障，排除下列部件或功能故障：混合气调节；可调式凸轮轴控制装置；燃油箱排气系统；点火开关；喷射装置；曲轴传感器；凸轮轴传感器；电动节气门调节器；热膜式空气质量计。
② 检测下列部件之间的导线和插头连接：发动机控制单元；三元催化转换器前氧传感器。
③ 检查三元催化转换器前、后氧传感器是否混淆。
④ 检测曲轴箱通风装置。
⑤ 更换三元催化转换器前氧传感器。
（5）用于故障后果的提示
① 无。
② 燃油消耗增加。

③发动机运行不平稳。

（6）驾驶员信息　排放警示灯。

12. 故障码P0133分析（八）

（1）故障描述　本诊断将监控三元催化转换器前氧传感器的动态性。如果三元催化转换器前氧传感器反应过慢，则识别到故障。

（2）故障识别条件　总线端KL.15接通。

①电压条件：供电电压介于9～16V之间。

②温度条件：冷却液温度高于80℃。

③时间条件：无。

④其他条件：

a. 采用中等发动机转速（1400～3240r/min）时在50～80km/h之间定速行驶；

b. 无可能导致气油混合气故障的故障记录。

（3）故障存储记录条件　如果故障持续时间超过1min，则需进行记录。

（4）故障处理措施

①联锁故障，排除下列部件或功能故障：混合气调节；可调式凸轮轴控制装置；燃油箱排气系统；点火开关；喷射装置；曲轴传感器；凸轮轴传感器；电动节气门调节器；热膜式空气质量计。

②检测下列部件之间的导线和插头连接：发动机控制单元；三元催化转换器前氧传感器。

③检查三元催化转换器前、后氧传感器是否混淆。

④检测曲轴箱通风装置。

⑤更换三元催化转换器前氧传感器。

（5）用于故障后果的提示

①无。

②燃油消耗增加。

③发动机运行不平稳。

（6）驾驶员信息　排放警示灯。

13. 故障码P0133分析（九）

（1）故障描述　本诊断将监控三元催化转换器前氧传感器的动态性。如果三元催化转换器前氧传感器反应过慢，则识别到故障。

（2）故障识别条件　总线端KL.15接通。

①电压条件：供电电压介于9～16V之间。

②温度条件：冷却液温度高于80℃。

③时间条件：无。

④其他条件：

a. 采用中等发动机转速（1400～3240r/min）时在50～80km/h之间定速行驶；

b. 无可能导致气油混合气故障的故障记录。

（3）故障存储记录条件　如果故障持续时间超过1min，则需进行记录。

（4）故障处理措施

① 联锁故障，排除下列部件或功能故障：混合气调节；可调式凸轮轴控制装置；燃油箱排气系统；点火开关；喷射装置；曲轴传感器；凸轮轴传感器；电动节气门调节器；热膜式空气质量计。

② 检测下列部件之间的导线和插头连接：发动机控制单元；三元催化转换器前氧传感器。

③ 检查三元催化转换器前、后氧传感器是否混淆。

④ 检测曲轴箱通风装置。

⑤ 更换三元催化转换器前氧传感器。

（5）用于故障后果的提示

① 无。

② 燃油消耗增加。

③ 发动机运行不平稳。

（6）驾驶员信息显示　排放警示灯。

14. 故障码P0133分析（十）

（1）故障描述　本诊断将监控三元催化转换器前氧传感器的动态性。如果三元催化转换器前氧传感器对于废气中的氧含量变化反应过于迟钝，则识别到该故障。

（2）故障识别条件　控制单元电压：9～16V。总线端KL.15接通。

① 温度条件：冷却液温度高于80℃。

② 时间条件：无。

③ 其他条件：

a. 采用中等发动机转速（1100～3000r/min）时定速行驶。

b. 无表明气油混合气存在故障的故障记录。

（3）故障存储记录条件　如果故障存在时间超过1min，则记录该故障。

（4）故障处理措施

① 检查是否记录有关于下列部件/功能的故障，如有则应首先排除这些故障：可调式凸轮轴控制装置；燃油箱排气系统；点火开关；喷射装置；曲轴传感器；凸轮轴传感器；电动节气门调节器；热膜式空气质量计。

② 检测下列部件之间的导线和插头连接：发动机控制单元；三元催化转换器前氧传感器。

③ 检查三元催化转换器前、后氧传感器是否混淆。

④ 检测曲轴箱通风装置。

⑤ 更换三元催化转换器前氧传感器。

故障排除之后将混合气调校复位。

（5）用于故障后果的提示

① 燃油消耗增加。

② 发动机运行不平稳。

③ 由于废气催化转换器的转换严重受限导致总检查/排放检查不合格。

（6）驾驶员信息　排放警示灯。

（7）服务提示

① 检查气缸同步是否可信。如果气缸同步不可信，则在修理后执行气缸同步。

② 插头连接处不能接触清洁剂或溶剂，因为前氧传感器可能因此被损坏。

15. 故障码P0133分析（十一）

（1）故障描述　本诊断将监控三元催化转换器前氧传感器的动态性。如果三元催化转换器前氧传感器对于废气中的氧含量变化反应过于迟钝，则识别到该故障。

（2）故障识别条件　控制单元电压：9～16V。总线端KL.15接通。

① 温度条件：催化剂温度大于500℃。

② 流量条件：恒定的废气质量流大于50kg/h。

③ 其他条件：

a. 发动机运转；

b. 采用中等发动机转速（1200～3000r/min）时在50～80km/h之间定速行驶；

c. 不存在指明气油混合气故障的故障记录。

（3）故障存储记录条件　如果故障存在时间超过1min，则记录该故障。

（4）故障处理措施

① 检查是否记录有关于下列部件/功能的故障，如有则应首先排除这些故障：可调式凸轮轴控制装置；油箱排气；点火开关；喷射装置；曲轴传感器；凸轮轴传感器；电动节气门调节器；热膜式空气质量计。

② 检查发动机控制单元和三元催化转换器前氧传感器之间的电线束。

③ 检查三元催化转换器前氧传感器和三元催化转换器后氧传感器是否混淆。

④ 检测曲轴箱通风装置。

⑤ 更换三元催化转换器前氧传感器。

（5）用于故障后果的提示

① 发动机运行有噪声。

② 燃油消耗增加。

③ 废气值提高。

（6）驾驶员信息　排放警示灯。

（7）服务提示　检查气缸同步是否可信。如果不可信，则修理之后进行气缸同步。

16. 故障码P0133分析（十二）

（1）故障描述　本诊断将监控三元催化转换器前氧传感器的动态性。如果三元催化转换器前氧传感器对于废气中的氧含量变化反应过于迟钝，则识别到该故障。

（2）故障识别条件　控制单元电压：9～16V。总线端KL.15接通。

① 温度条件：催化剂温度大于500℃。

② 流量条件：恒定的废气质量流大于50kg/h。

③ 其他条件：

a. 发动机运转；

b. 采用中等发动机转速（1200～3000r/min）时在50～80km/h之间定速行驶；

c. 无可能导致气油混合气故障的故障记录。

（3）故障存储记录条件　如果故障持续时间超过1min，则将被记录。

（4）故障处理措施

① 联锁故障。如果以下组件有其他故障记录，则首先排除这些故障：混合气调节；燃

油系统；VANOS；燃油箱排气系统；点火开关；喷射装置；曲轴传感器；凸轮轴传感器；电动节气门调节器；HFM。

②检查DME和废气催化转换器前氧传感器之间的电线束。

③检查废气催化转换器前、后氧传感器是否混淆。

④检查曲轴箱通风。

⑤更换废气催化转换器前氧传感器。

（5）用于故障后果的提示

①较高的废气值。

②燃油消耗较高。

（6）驾驶员信息　排放警示灯。

（7）服务提示　检查气缸同步是否可信。如果不可信，则修理之后进行气缸同步。

17. 故障码P0133分析（十三）

（1）故障描述　在从负荷转为滑行的过渡阶段，对三元催化转换器前氧传感器进行动态监控。如果测得的氧气含量在从负荷向滑行过渡时，达到规定跳跃所需的时间长于规定的持续时间（约0.6s），则识别该项故障。如果从负荷向滑行的过渡已结束一段时间（约10s），但规定的氧气含量依然未达到，也会识别该项故障。

（2）故障识别条件　控制单元电压：9.5～16V。

在发动机合适的运行点每次进行负荷-滑行过渡时都执行一次监控。以下必须激活才能进行监控。

①前氧传感器上不存在暂时性故障。

②检测被许可。

③当前运行模式被许可。

如果满足下列所有条件，则激活监控。

①发动机转速超过下列最低转速：介于900～1200r/min之间（取决于配置）。

②喷油量超过下列最小值：9mg/冲程。

③蓄电池电压大于下列最小电压：10700mV。

（3）故障存储记录条件　如果识别到故障的时间超过下列时间间隔，则记录故障（反跳时间）：5s。

（4）故障处理措施

①检查导线和插头连接。

②检查排气装置的密封性和三元催化转换器前氧传感器是否正确安装。

③检查三元催化转换器前氧传感器是否蒙上烟炱（可以通过清洁刷净和吹洗清洁）。

如果前面进行的检测都正常，更换三元催化转换器前氧传感器。

（5）用于故障后果的提示　前往附近的BMW保养服务中心。不存在部件损坏。

（6）驾驶员信息　无。

（7）服务提示　当确定排气系统上存在不密封时，应当执行下列服务功能：删除调校，排气系统。当更换氧传感器时，应当执行下列服务功能：删除调校，排气系统。

18. 故障码P0133分析（十四）

（1）故障描述　在从负荷转为滑行的过渡阶段，对三元催化转换器前氧传感器进行动态监控。如果测得的氧气含量在从负荷向滑行过渡时，达到规定跳跃所需的时间长于规定的持续时间（约0.6s），则识别该项故障。如果从负荷向滑行的过渡已结束一段时间（约10s），但规定的氧气含量依然未达到，也会识别该项故障。

（2）故障识别条件　控制单元电压：9.5～16V。

在发动机合适的运行点每次进行负荷-滑行过渡时都执行一次监控。以下条件必须激活才能进行监控。

① 前氧传感器上不存在暂时性故障。
② 检测被许可。
③ 当前运行模式被许可。

如果满足下列所有条件，则激活监控。

① 发动机转速超过下列最低转速：900r/min。
② 喷油量超过下列最小值：9mg/冲程。
③ 蓄电池电压大于下列最小电压：10700mV。

（3）故障存储记录条件　如果识别到故障的时间超过下列时间间隔，则记录故障（反跳时间）：5s。

（4）故障处理措施

① 检查导线和插头连接。
② 检查排气装置的密封性和三元催化转换器前氧传感器是否正确安装。
③ 检查三元催化转换器前氧传感器是否蒙上烟灰（可以通过清洁刷净和吹洗清洁）。

如果前面进行的检测都正常，更换三元催化转换器前氧传感器。

（5）驾驶员信息　无。

19. 故障码P0133分析（十五）

（1）故障描述　在从负荷转为滑行的过渡阶段，对三元催化转换器前氧传感器进行动态监控。如果测得的氧气含量在从负荷向滑行过渡时，达到规定跳跃所需的时间长于规定的持续时间（约0.6s），则识别该项故障。如果从负荷向滑行的过渡已结束一段时间（约10s），但规定的氧气含量依然未达到，也会识别该项故障。

（2）故障识别条件　控制单元电压：9.5～16V。总线端KL.15接通。

在发动机合适的运行点每次进行负荷-滑行过渡时都执行一次监控。以下条件必须激活才能进行监控。

① 前氧传感器上不存在暂时性故障。
② 检测被许可。
③ 当前运行模式被许可。

如果满足下列所有条件，则激活监控。

① 发动机转速超过下列最低转速：1250r/min。
② 喷油量超过下列最小值：5mg/冲程。
③ 蓄电池电压大于下列最小电压：10700mV。

（3）故障存储记录条件　如果识别到故障的时间超过下列时间间隔，则记录故障（反跳时间）：2s。

（4）故障处理措施

① 检查导线和插头连接。
② 检查排气装置的密封性和三元催化转换器前氧传感器是否正确安装。

③ 检查三元催化转换器前氧传感器是否蒙上烟炱（可以通过清洁刷净和吹洗清洁）。如果前面进行的检测都正常，更换废气催化转换器前氧传感器。

第二节　后氧传感器

一、后氧传感器监测项目

加热式后氧传感器用于燃油控制和后催化剂监测。每个加热式后氧传感器将环境空气的氧含量与废气流中的氧含量进行比较。加热式后氧传感器必须达到工作温度以提供准确的电压信号。加热式后氧传感器内部的加热元件使传感器达到工作温度所需的时间为最短。

当发动机首次启动时，发动机控制模块在开环状态下运行，忽略加热式后氧传感器电压信号。一旦加热式后氧传感器达到工作温度并达到"闭环"运行条件，加热式后氧传感器将在0～1000mV范围内产生围绕450mV上、下波动的电压。加热式后氧传感器电压较高，表明废气流较浓。加热式后氧传感器电压较低，表明废气流较稀。

维修图解

如图2-15所示，后氧传感器的核心元件是氧化锆管，它是一种固体电解质，其内外表面都覆盖有多孔铂电极和氧化铝保护层，内表面与大气相通，外表面与尾气接触。

尾气在与锆管的外表面接触时，尾气中的残留氧气透过铂（Pt）电极和氧化铝保护层同氧化锆接触，在一定高温下锆管内外由于氧浓差而产生电势差。当在浓燃烧时，尾气中的氧浓度降低，后氧传感器输出电压升至参考电压以上。当在稀燃烧时，尾气中的氧浓度升高，后氧传感器输出电压降至参考电压以下。

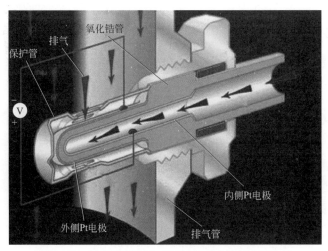

图2-15　氧化锆后氧传感器结构（参见附录彩图）

二、后氧传感器监测

后氧传感器监测在汽车正常工作期间进行。如果OBD系统在行驶循环中检测到未超过浓稀阈值,那么可强制使空燃比变浓或变稀来控制后氧传感器。如在强制变浓或变稀情况下传感器仍不能超过最大浓稀阈值,则表明存在故障。安装在三元催化器上的后氧传感器见图2-16。

后氧传感器在前氧传感器的监测后,才执行监测。在前氧传感器监测之后,并在后氧传感器的加热器接通后,PCM将进行输出电压的最大值和最小值与极限值的比较。如果后氧传感器电压的最大值和最小值都正常,则这个后氧传感器被视为正常。如果未能达到后氧传感器电压的最大值和最小值,燃油系统将进入开环状态。

图2-16 安装在三元催化器上的后氧传感器(参见附录彩图)

三、后氧传感器故障判断原理

在发动机运行过程中,OBD系统持续监控后氧传感器的工作灵敏度、后氧传感器信号电压以及后氧传感器的加热器。当后氧传感器中毒或者老化后会对后氧传感器产生不利的一面,这种中毒往往是由于汽油中的含铅成分过高,导致后氧传感器铅中毒。当出现中毒或者老化后,后氧传感器的电压周期大大增加或者后氧传感器的信号电压将变得平直。

维修图解

发动机控制单元提高λ调节值,从而使得燃油空气混合气变浓。尽管混合气变浓了,但是三元催化器后氧传感器电压仍是很低(因为有故障),于是发动机控制单元继续提高λ调节值,直至达到调节极限并识别出故障。后氧传感器故障的判断示意图见图2-17、图2-18。

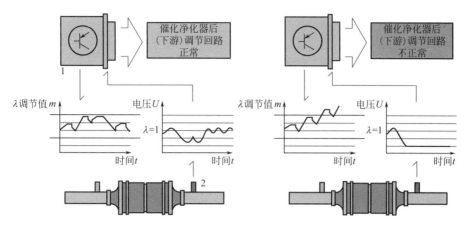

图2-17 后氧传感器故障判断原理示意图（参见附录彩图）
1—发动机控制单元；2—催化净化器后（下游）

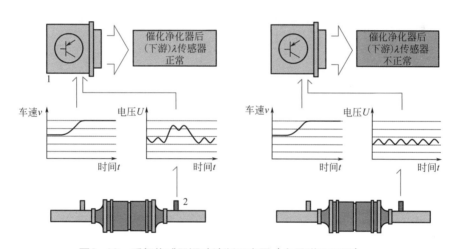

图2-18 后氧传感器运动诊断示意图（参见附录彩图）

四、后氧传感器加热器监测

在加热式氧传感器所在的尾气排放系统部位的温度达到最低值以前，加热式后氧传感器的加热器是不会接通的。这是为了在接通加热器之前，使尾气排放系统达到干燥状态，避免后氧传感器产生热裂损。

当接通后氧传感器加热器时，PCM驱动器的电压应为低电压；当关闭后氧传感器加热器时，PCM驱动器的电压应为高电压。如果检测结果与上述电压不符，则说明后氧传感器加热器及电路存在故障。

如果尾气排放系统的温度超过规定的最大值，则后氧传感器加热器将被关闭，以避免其过热。

当发动机启动后并处于燃油闭环状态时，PCM将直接监测后氧传感器浓到稀的反应时间，如果反应时间超过规定值或没有反应时间（浓/稀变化），则说明加热式后氧传感器有可能存在故障或燃油喷射控制功能不正常。一旦检测到没有反应信号，PCM将设置故障码。

五、加热式后氧传感器诊断

三元催化器后面的加热式后氧传感器监控废气中的氧含量。即使加热式前氧传感器的开关特性改变，通过加热式后氧传感器的信号也可以将空燃比控制在理论空燃比范围内。与加热式前氧传感器相同，加热式后氧传感器也有一个一端封闭的陶瓷氧化锆管。它的工作与加热式前氧传感器的相同。氧化锆后氧传感器结构见图2-19。

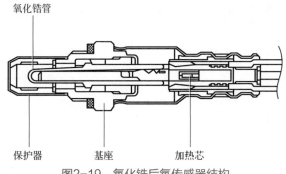

图2-19 氧化锆后氧传感器结构

1. 故障码P0138诊断

（1）故障描述　加热式后氧传感器电路电压过高——传感器2（后氧传感器电路电压过高）。

（2）故障原因　发动机控制模块检测到氧传感器电压信号大于3.8V。

（3）故障生成原理

维修图解

如图2-20所示，PCM检查加热式后氧传感器的电压输出不应过高。如果PCM读取到过高的电压，则判断为故障P0138。该故障码是B类故障诊断码。

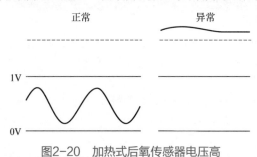

图2-20 加热式后氧传感器电压高

2. 故障码P0139诊断

（1）故障描述　后氧传感器电路响应慢。

(2)故障原因　如果持续长时间在节气门全关闭状态下进行减速，就会进入废气中的氧浓度很高的贫油状态，后氧传感器输出显示为低电压。因此，在节气门全关闭的减速中，如果后氧传感器的输出依然持续为高电压时，则判定故障为氧传感器电路电压过高——传感器2（故障码P0138）。此外，如果输出停滞在规定范围内，则就会判定为中间停滞故障，故障为氧传感器电路响应慢——传感器2（故障码P0139）。

(3)故障生成原理

维修图解

PCM检查在正常行驶条件下电压输出的切换响应是否比断油条件下更快。如果传感器的切换时间比规定时间长，则检测到故障，生成故障码P0139，见图2-21。

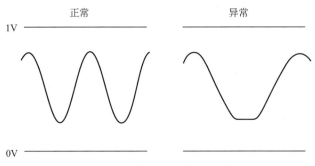

图2-21　后氧传感器电路响应慢

3. 故障码P0141诊断

(1)故障描述　氧传感器加热器电路——1列2号传感器（后氧传感器电路故障）。

(2)故障原因　通过PCM内的电路直接测定后氧传感器加热器中的电流，在规定值以上或以下的状态持续5s则MIL灯亮。

(3)故障生成原理　与加热式前氧传感器的监控方式相同，PCM通过测量内置在加热器电路内的特定电阻两侧的电压来监控加热器电流。如果电压超出规定水平，则判断为故障，生成故障码P0141。

4. 故障码P1146诊断

维修图解

加热式后氧传感器与加热式前氧传感器相比有较长的浓稀切换时间。三元催化器的氧气储量是造成这个切换时间较长的原因。为此，数据采样时间比加热式前氧传感器的更长。

在不同行驶条件下（例如断油），PCM监控传感器的最低输出电压是否足够低（例如小于约0.47V）。如果最低电压不能达到规定值，则检测到故障，见图2-22。

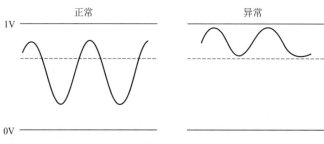

图2-22　后氧传感器最低电压

5. 故障码P1147诊断

维修图解

在不同行驶条件下，PCM监控传感器的最高输出电压是否足够高（例如大于约0.68V）。如果最高电压不能达到规定值，则检测到故障，见图2-23。

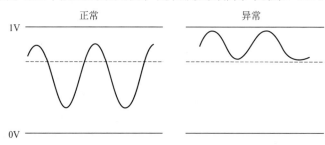

图2-23　后氧传感器最高电压

六、跳跃式特性线后氧传感器诊断

1. 后氧传感器监控原理

后氧传感器是一种具有跳跃式特性线的监控用传感器，安装在三元催化器的后面，也叫下游氧传感器，用于三元催化器诊断。后氧传感器可识别空气过量系数等于1的可靠偏差，但不能确定混合气浓度偏差的大小。

2. 结构功能

后氧传感器不断测量废气中的残余氧含量。残余氧含量的摆动值被作为电流信号转发到发动机控制单元。发动机控制单元通过喷射修正混合气成分。

维修图解

如图2-24所示，在三元催化器后安装有后氧传感器（监控用传感器）。三元催化器具有较高的氧气存储能力。因此在三元催化器后只有少量氧气。监控用传感器输出几乎恒定的（经平缓处理的）电压。随着不断老化，三元催化器的氧气存储能力下降。后氧传感器于是越来越频繁地通过电压波动对空气过量系数偏差作出反应。这种特性可通过一项专用的诊断功能用于三元催化器监控。通过排放警示灯显示三元催化器的功能异常。

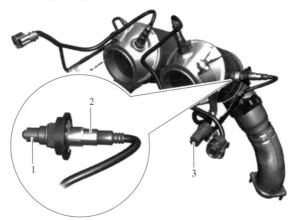

图2-24　三元催化器上的后氧传感器

1—后氧传感器；2—壳体；3—连接插头

3. 结构原理

因为即使在用浓混合气运行时废气中依然含有残余氧含量，在外部电极和内部电极之间会出现一个电压。为了使基准参数保持不变，参考空气道与大气保持连接。基准参数因而就是大气的氧含量。

维修图解

保护层可防止由于废气中的残留物而可能在外部电极上产生损坏。二氧化锆（ZrO_2）陶瓷层自约350℃起可传导氧离子。为了使后氧传感器尽快达到运行温度，集成了一个加热元件。后氧传感器电路如图2-25所示。

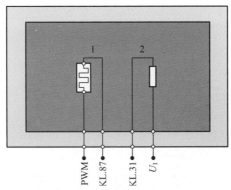

图2-25　后氧传感器电路

1—后氧传感器加热装置；2—测量元件；

PWM—后氧传感器加热装置按脉冲宽度调制的控制；

KL.87—蓄电池电压，总线端15接通；KL.31—测量元件的接地；U_1—测量元件上的电压

4. 特性和参数

（1）后氧传感器特性　后氧传感器特性见图2-26。信号曲线及标准值：通过一个对应于空气过量系数等于1时的混合气成分的残余氧气含量，测量元件上的电压显示为450mV。空气过量系数等于1时各种材料的废气成分最理想。

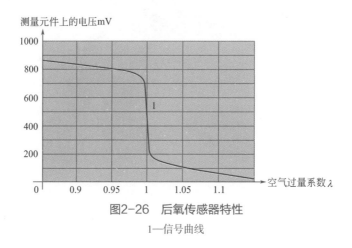

图2-26　后氧传感器特性
1—信号曲线

（2）后氧传感器参数　见表2-2。

表2-2　后氧传感器参数

说明	参数范围
后氧传感器加热装置电压范围	10.7～16.5V
工作温度	350℃
20℃时的加热电阻	（9±2）Ω
最大泵电流	2.2～2.6mA

5. 诊断说明

（1）部件失灵　监控用传感器失灵时会出现下列状况。
① 在发动机控制单元中记录故障代码。
② 组合仪表中排放警示灯亮起。

（2）一般提示　诊断的下列监控功能用于检查发动机和排气系统的状态。
① 后氧传感器调校值　空燃比调校（混合气调校）用于补偿影响混合气的部件公差和老化效应。
② 三元催化器诊断　后氧传感器诊断检查废气催化转换器的氧气存储能力。氧气存储能力是三元催化器转换能力的一个指标。

维修图解

监控用传感器需要探头内部的大气。大气经插头通过电缆进入内部。因此，必须防止插头被蜡或防腐剂等污染。空燃比控制有故障时必须检查宽带氧传感器的插头是否被污染。

6. 故障码P0136诊断（一）（宝马5系，N20发动机故障码采集）

> **维修提示**

　　汽车在不同条件和状况下生成的故障码不同，或者是同一故障会有不同的故障条件和生成状态。所以，下述有相同故障码，但分析中发现会有不同的关联细节。

　　（1）故障描述　三元催化器后氧传感器，信号：断路。
　　（2）故障原因　诊断系统监控三元催化器后氧传感器信号的电压上下限及内阻上限。可能的故障原因：
　　① 三元催化器后氧传感器的电线束损坏；
　　② 三元催化器后氧传感器损坏。
　　（3）故障生成原理　如果后氧传感器电压小于0.498V而大于0.352V，且电阻大于一定值，便将识别出该故障。
　　（4）故障识别条件　总线端KL.15接通。
　　① 电压条件：无。
　　② 温度条件：无。
　　③ 时间条件：120s。
　　④ 其他条件：发动机启动；没有存储其他故障。
　　（5）故障存储条件和显示　如果故障存在时间超过2.5s，则被记录。
　　① ECE排放警示灯：接通。
　　② 美规排放警示灯：接通。
　　③ ECE发动机电功率下降：关闭。
　　④ 美规发动机电功率下降：关闭。
　　⑤ CC信息：接通。
　　（6）故障处理措施
　　① 检查三元催化器后氧传感器的电线束。
　　② 更换三元催化器后氧传感器。

7. 故障码P0136诊断（二）（宝马5系，N20发动机故障码采集）

　　（1）故障描述　三元催化器后氧传感器，信号：断路。
　　（2）故障原因　诊断系统监控三元催化器后氧传感器信号的电压上下限及内阻上限。可能的故障原因：
　　① 三元催化器后氧传感器的电线束损坏；
　　② 三元催化器后氧传感器损坏。
　　（3）故障生成原理　如果后氧传感器电压小于0.498V而大于0.352V，便将识别出该故障。
　　（4）故障识别条件
　　① 电压条件：无。

②温度条件：发动机温度＞85℃。

③时间条件：120s。

④其他条件：发动机运转；未存储其他故障。

(5)故障存储条件和显示 立刻记录故障。

①ECE排放报警灯：打开。

②US排放报警灯：打开。

③ECE电子发动机功率降低：关闭。

④US电子发动机功率降低：关闭。

⑤CC信息：关闭。

(6)故障处理措施

①检查三元催化器后氧传感器的电线束。

②更换三元催化器后氧传感器。

8. 故障码P0136诊断（三）（宝马5系，N20发动机故障码采集）

(1)故障描述 三元催化器后氧传感器，信号：断路。

(2)故障原因 诊断系统监控三元催化器后氧传感器信号的电压上下限及内阻上限。可能的故障原因：

①三元催化器后氧传感器的电线束损坏；

②三元催化器后氧传感器损坏。

(3)故障生成原理 如果后氧传感器电压小于0.498V而大于0.352V，且电阻大于一定值，便将识别出该故障。

(4)故障识别条件 总线端KL.15接通。

①电压条件：无。

②温度条件：无。

③时间条件：120s。

④其他条件：发动机启动；没有存储其他故障。

(5)故障存储条件和显示 如果故障存在时间超过2.5s，则被记录。

①ECE排放警示灯：接通。

②美规排放警示灯：接通。

③ECE发动机电功率下降：关闭。

④美规发动机电功率下降：关闭。

⑤CC信息：接通。

(6)故障处理措施

①检查三元催化器后氧传感器的电线束。

②更换三元催化器后氧传感器。

9. 故障码P0136诊断（四）

(1)故障描述 三元催化器后氧传感器，电气：断路。本诊断将监控三元催化器后氧传感器。如果存在断路，则识别到故障。

(2)故障识别条件 总线端KL.15接通。

①电压条件：供电电压介于9～16V之间。

②温度条件：发动机温度高于80℃。
③时间条件：加热装置激活控制大于1min。
④其他条件：发动机打开。
（3）故障存储记录条件　该故障将在10min内记录。
（4）故障处理措施
① 检测下列部件之间的导线和插头连接：发动机控制单元；三元催化器后氧传感器。
② 更换三元催化器后氧传感器。
（5）用于故障后果的提示
①无。
②燃油消耗增加。
③发动机运行不均匀。
（6）驾驶员信息　排放警示灯点亮。

10. 故障码P0136诊断（五）

（1）故障描述　三元催化器后氧传感器，电气：断路。本诊断将监控三元催化器后氧传感器。如果三元催化器后氧传感器有电气故障，将识别为故障。
（2）故障识别条件　总线端KL.15接通。
①电压条件：供电电压介于9～16V之间。
②温度条件：无。
③时间条件：后氧传感器加热装置的激活时间长于1min。
④其他条件：发动机打开。
（3）故障存储记录条件　如果该故障存在时间超过6min，则记录该故障。
（4）故障处理措施
① 检测下列部件之间的导线和插头连接：发动机控制单元；三元催化器后氧传感器。
② 更换三元催化器后氧传感器。
（5）驾驶员信息　排放警示灯点亮。

11. 故障码P0136分诊断（六）

（1）故障描述　三元催化器后氧传感器，电气：断路。本诊断将监控三元催化器后氧传感器。
故障监测前提条件：如果三元催化器后氧传感器有电气故障，将识别为故障。
（2）故障识别条件　控制单元电压：9～16V。总线端KL.15接通。
①温度条件：无。
②时间条件：后氧传感器加热装置的激活时间长于1min。
③其他条件：发动机运转。
（3）故障存储记录条件　如果该故障存在时间超过6min，则记录该故障。
（4）故障解决措施　如果额外存在从CAS/FEM/BDC至DME的总线端15_3故障，则是联锁故障。首先处理这些故障。
① 检测下列部件之间的导线和插头连接：CAS/FEM/BDC；DME。
② 检测下列部件之间的导线和插头连接：DME；三元催化器后氧传感器。

如果在导线和插头连接上未发现任何故障，更换三元催化器后氧传感器。
（5）用于故障后果的提示　无。
（6）驾驶员信息　无。

12. 故障码P0136诊断（七）

（1）故障描述　三元催化器后氧传感器，电气：断路。该诊断监控三元催化器后氧传感器是否有电气故障。如果存在断路，则识别为故障。

（2）故障识别条件　控制单元电压：9～16V。总线端KL.15接通。

① 温度条件：无。

② 时间条件：后氧传感器加热装置激活超过1min。

③ 其他条件：发动机运转。

（3）故障存储记录条件　如果该故障存在时间超过6min，则记录该故障。

（4）故障处理措施　如果额外存在从CAS/FEM/BDC至DME的总线端15_3故障，首先处理这些故障。

① 检测下列部件之间的导线和插头连接：CAS/FEM/BDC；DME。

② 检测下列部件之间的导线和插头连接：DME；三元催化器后氧传感器。

如果在导线和插头连接上未发现任何故障，更换三元催化器后氧传感器。

（5）用于故障后果的提示　无。

（6）驾驶员信息　排放警示灯。

13. 故障码P0136诊断（八）

（1）故障描述　三元催化器后氧传感器，电气：断路。本诊断将监控三元催化器后氧传感器。如果三元催化器后氧传感器有电气故障，将识别为故障。

（2）故障识别条件　控制单元电压：9～16V。总线端KL.15接通。

① 温度条件：无。

② 时间条件：后氧传感器加热装置的激活时间长于1min。

③ 其他条件：发动机运转。

（3）故障存储记录条件　如果故障持续时间超过6min，则将被记录。

（4）故障处理措施

① 检测下列部件之间的导线和插头连接：DME；三元催化器后氧传感器。

② 更换三元催化器后氧传感器。

（5）用于故障后果的提示　无。

（6）驾驶员信息　排放警示灯点亮。

14. 故障码P0136诊断（九）

（1）故障描述　三元催化器后氧传感器，电气：断路。该诊断监控废气催化转换器后氧传感器是否有电气故障。如果存在断路，则识别为故障。

（2）故障识别条件　控制单元电压：9～16V。总线端KL.15接通。

① 温度条件：无。

② 时间条件：后氧传感器加热装置激活超过1min。

③ 其他条件：发动机运转。

（3）故障存储记录条件　如果该故障存在时间超过6min，则记录该故障。

（4）故障处理措施　如果额外存在从CAS/FEM/BDC至DME的总线端15_3故障，首先处理这些故障。

① 检测下列部件之间的导线和插头连接：CAS/FEM/BDC；DME。

② 检测下列部件之间的导线和插头连接：DME；三元催化器后氧传感器。

如果在导线和插头连接上未发现任何故障，更换三元催化器后氧传感器。

（5）用于故障后果的提示　无。

（6）驾驶员信息　排放警示灯点亮。

15. 故障码P0136诊断（十）

（1）故障描述　三元催化器后氧传感器，电气：断路。该诊断监控废气催化转换器后氧传感器是否有电气故障。如果存在断路，则识别为故障。

（2）故障识别条件　控制单元电压：9～16V。总线端KL.15接通。

① 温度条件：无。

② 时间条件：后氧传感器加热装置激活超过1min；氧传感器加热装置的主动控制持续时间大于1min。

③ 其他条件：发动机运转。

（3）故障存储记录条件　如果该故障存在时间超过6min，则记录该故障。

（4）故障处理措施　如果额外存在从CAS/FEM/BDC至DME的总线端15_3故障，首先处理这些故障。

① 检测下列部件之间的导线和插头连接：CAS/FEM/BDC；DME。

② 检测下列部件之间的导线和插头连接：发动机控制单元；三元催化器后氧传感器。

更换三元催化器后氧传感器。

（5）用于故障后果的提示

① 燃油消耗增加。

② 发动机运行不平稳。

（6）驾驶员信息　排放警示灯点亮。

16. 故障码P0136诊断（十一）

（1）故障描述　三元催化器后氧传感器，电气：断路。本诊断将监控三元催化器后氧传感器。如果存在断路，则识别到故障。

（2）故障识别条件　总线端KL.15接通。

① 电压条件：车载网络电压在9～16V之间。

② 温度条件：发动机温度高于80℃。

③ 时间条件：主动加热控制超过1min。

④ 其他条件：发动机接通。

（3）故障存储记录条件　该故障将在10min内记录。

（4）故障处理措施

① 检查下列部件之间的导线和插头连接：DME；三元催化器后氧传感器。

② 更换三元催化器后氧传感器。

17. 故障码P0136诊断（十二）

（1）故障描述　三元催化器后氧传感器，电气：断路。诊断系统监控三元催化器后氧传感器信号的电压上下限及内阻上限。如果氧传感器电压小于0.498V而大于0.352V，且电阻大于某一值，便将识别出该故障。

（2）故障原因　可能的故障原因：

① 三元催化器后氧传感器的电线束损坏；

② 三元催化器后氧传感器损坏。

（3）故障识别条件　总线端KL.15接通。

① 电压条件：无。

② 温度条件：发动机温度＞85℃。

③ 时间条件：120s。

④ 其他条件：发动机运转；未存储其他故障。

（4）故障存储记录条件　无。

（5）故障处理措施

① 检查三元催化器后氧传感器的电线束。

② 更换三元催化器后氧传感器。

（6）用于故障后果的提示

① 可能的感觉：无。

② 故障停车提示：无。

18. 故障码P0137诊断（一）

（1）故障描述　三元催化器后氧传感器，信号：对地短路。如果在三元催化器前氧传感器正常运行过程中氧比例的电压原始信号小于极限值300mV，则设置该故障。

（2）故障识别条件　以下条件必须激活，才能进行故障检测。

① 氧气校准未激活。

② 加热式后氧传感器激活。

③ 不允许热再生。

（3）故障存储记录条件　时间脉冲输出（500ms）。

（4）故障处理措施

① 检查导线和插头连接。

② 如果导线和插头连接正常，更换三元催化器后氧传感器。

19. 故障码P0137诊断（二）

（1）故障描述　三元催化器后氧传感器，信号：对地短路。如果在三元催化器后氧传感器正常运行期间，氧传感器信号的原始值低于极限值，则确定该故障。极限值：300mV。

（2）故障识别条件　在监控时以下条件必须激活。

① 校准未激活。

② 后氧传感器加热装置已激活。

（3）故障存储记录条件　如果故障存在时间超过500ms，则记录故障。

（4）故障处理措施

① 检查导线和插头连接。
② 如果导线和插头连接正常，更换三元催化器后氧传感器。

20. 故障码P0137诊断（三）

（1）故障描述　三元催化器后氧传感器，信号：对地短路。如果在三元催化器后氧传感器正常运行期间，氧传感器信号的原始值低于极限值，则确定该故障。极限值：200mV。

（2）故障识别条件　控制单元电压：9.5～16V。总线端KL.15接通。在监控时以下条件必须激活。
① 校准未激活。
② 后氧传感器加热装置已激活。

（3）故障存储记录条件　如果故障存在时间超过下列时间间隔，则记录故障（反跳时间）：2000ms。

（4）故障处理措施
① 检查导线和插头连接。
② 如果导线和插头连接正常，更换三元催化器后氧传感器。

21. 故障码P0138诊断（一）（宝马X5，N57发动机故障码采集）

（1）故障描述　三元催化器后氧传感器，信号电压过高或信号补偿电流断路。在三元催化器前氧传感器正常运行过程中，氧比例的电压原始信号超过极限值3200mV。

（2）故障识别条件　以下条件必须激活，才能进行故障检测。
① 氧气校准未激活。
② 后氧传感器加热装置已激活。

（3）故障存储记录条件　时间脉冲输出为500ms。

（4）故障处理措施
① 检查导线和插头连接。
② 如果导线和插头连接正常，更换三元催化器后氧传感器。

22. 故障码P0138诊断（二）（宝马X5，N57发动机故障码采集）

（1）故障描述　三元催化器后氧传感器，信号电压过高或信号补偿电流断路。
如果在三元催化器后氧传感器正常运行期间氧传感器信号的原始值超出某个极限值，则识别为故障，生成故障码P0138。极限值：3200mV。

（2）故障识别条件　控制单元电压：9.5～16V。
在监控时以下条件必须激活。
① 校准未激活。
② 后氧传感器加热装置已激活。

（3）故障存储记录条件　如果故障存在时间超过500ms，则记录故障（反跳时间）。

（4）故障处理措施
① 检查导线和插头连接。
② 检查排气系统是否不密封和损坏。
如果前面进行的检测都正常，更换三元催化器后氧传感器。

23. 故障码P0138诊断（三）（宝马X5，N57发动机故障码采集）

（1）故障描述　三元催化器后氧传感器，信号电压过高或信号补偿电流断路。如果在三元催化器后氧传感器正常运行期间氧传感器信号的原始值超出某个极限值，则识别为故障，生成故障码P0138。极限值：3200mV。

（2）故障识别条件　控制单元电压：9.5～16V。在监控时以下条件必须激活。

① 校准未激活。

② 后氧传感器加热装置已激活。

（3）故障存储记录条件　如果故障存在时间超过下列时间间隔，则记录故障（反跳时间）：介于500～2000ms之间（与车型有关）。

（4）故障处理措施

① 检查导线和插头连接。

② 检查排气系统是否不密封和损坏。

如果前面进行的检测都正常，更换三元催化器后氧传感器。

24. 故障码P0138诊断（四）（宝马5系，N20发动机故障码采集）

（1）故障描述　三元催化器后氧传感器，信号：对正极短路。该诊断监控三元催化器后氧传感器的电压。

（2）故障生成原理　如果电压大于1.099V，则识别到该故障，生成故障码P0138。

（3）故障原因　可能的故障原因：

① 电线束损坏；

② 氧传感器损坏。

（4）故障识别条件

① 电压条件：无。

② 温度条件：无。

③ 时间条件：无。

④ 其他条件：发动机运转；未存储其他故障。

（5）故障存储条件和显示　如果故障存在时间超过15s，则被记录。发动机故障灯点亮。

（6）故障处理措施

① 检查电线束。

② 更换氧传感器。

25. 故障码P0138诊断（五）（宝马5系，N20发动机故障码采集）

（1）故障描述　三元催化器后氧传感器，信号：对正极短路。

（2）故障生成原理　如果电压高于1.099V，便将识别出该故障，生成故障码P0138。

（3）故障原因　对正极短路。

（4）故障识别条件　总线端KL.15接通。

① 电压条件：无。

② 温度条件：无。

③时间条件：无。
④其他条件：发动机启动；未存储其他故障。
（5）故障存储条件和显示　如果故障存在时间超过2.5s，则被记录。发动机故障灯点亮。
（6）故障处理措施
①检测接线。
②测量三元催化器2后氧传感器电压。
③检测插头。
④更换气缸列1后三元催化器的传感器。

26. 故障码P0138诊断（六）（宝马5系，N20发动机故障码采集）

（1）故障描述　三元催化器后氧传感器，信号：对正极短路。
（2）故障生成原理　如果存在对正极短路，则识别为故障，生成故障码P0138。
（3）故障原因　关联电路或后氧传感器故障。
（4）故障识别条件　总线端KL.15接通。
①电压条件：车载网络电压在9～16V之间。
②温度条件：发动机温度高于80℃。
③时间条件：主动加热控制超过1min。
④其他条件：发动机接通。
（5）故障存储条件和显示　该故障将在10s内记录。发动机故障灯点亮。
（6）故障处理措施
①检查发动机控制单元和后氧传感器之间的导线和插头连接情况。
②更换三元催化器后氧传感器。

27. 故障码P0138诊断（七）（宝马5系，N20发动机故障码采集）

（1）故障描述　三元催化器后氧传感器，信号：对正极短路。该诊断监控废气催化转换器后氧传感器是否有电气故障。
（2）故障生成原理　如果存在对正极短路，则识别为故障，生成故障码P0138。
（3）故障原因　与后氧传感器连接的电路或发动机控制单元损坏。
（4）故障识别条件　控制单元电压：9～16V。总线端KL.15接通。
①温度条件　无。
②时间条件：后氧传感器加热装置激活超过1min；氧传感器加热装置的主动控制持续时间大于1min。
③其他条件：发动机运转。
（5）故障存储条件和显示　立刻记录故障码。发动机故障灯可能不点亮。
（6）故障处理措施　检测发动机控制单元与后氧传感器之间的导线和插头连接。如果在导线和插头连接上未发现任何故障，则更换三元催化器后氧传感器。

28. 故障码P2270诊断（一）（宝马5系，N20发动机故障码采集）

（1）故障描述　三元催化器后氧传感器，信号确定为混合气过稀。该诊断监控三元催化器后氧传感器的电压。

（2）故障生成原理　如果发动机运行时氧传感器电压小于0.8V，则识别到故障，生成故障码P2270。

（3）故障识别条件　控制单元电压：9～16V；总线端KL.15接通。

① 温度条件：废气温度大于300℃且小于800℃。

② 时间条件：无。

③ 其他条件：发动机运转。

（4）故障存储条件和显示　如果故障存在时间超过20min，则记录该故障。发动机故障灯点亮。

（5）故障处理措施　检测发动机控制单元和三元催化器之间的导线和插头连接。更换三元催化器后氧传感器。

29. 故障码P2270诊断（二）（宝马5系，N20发动机故障码采集）

（1）故障描述　三元催化器后氧传感器，信号一直弱。

（2）故障原因

① 废气催化转换器后氧传感器损坏。

② 废气催化转换器后氧传感器之前的消音器不密封。

③ 废气催化转换器后氧传感器的电线束损坏。

（3）故障生成原理　该诊断监控活性测试时废气催化转换器后氧传感器的电压上限和下限。如果在空气过量系数调节器诊断时识别到一个故障，则启动活性测试。

如果废气催化转换器后氧传感器的电压大于0.669V（过浓），则识别到该故障，生成故障码P2270。

（4）故障识别条件

① 电压条件：无。

② 温度条件：发动机温度＞85℃。

③ 时间条件：无。

④ 其他条件：发动机运转。

（5）故障存储条件和显示　如果故障在空气过量系数调节器诊断结束后存在时间超过300s，则被记录。

① ECE排放警示灯：接通。

② US排放警示灯：接通。

③ ECE电子发动机功率降低：关闭。

④ US电子发动机功率降低：关闭。

⑤ CC信息：无。

（6）故障处理措施

① 对混淆的氧传感器进行系统测试。

② 检测废气催化转换器后氧传感器的电线束。

③ 检测废气催化转换器后氧传感器之前的消音器的密封性。

④ 更换废气催化转换器后氧传感器。

⑤ 更换废气催化转换器前氧传感器。

⑥ 更换发动机控制单元。

30. 故障码P2270诊断（三）（宝马5系，N20发动机故障码采集）

（1）故障描述　三元催化器后氧传感器，信号停留在浓度过低。该诊断监控废气催化转换器后氧传感器的电压。

（2）故障生成原理　如果废气催化转换器后氧传感器的电压持久过低，则识别到该故障，生成故障码P2270。

（3）故障识别条件　控制单元电压：9～16V；总线端KL.15接通。

① 温度条件：冷却液温度高于80℃。

② 时间条件：无。

③ 其他条件：发动机运转；以较低直至中等部分负荷定速行驶。

（4）故障存储条件和显示　如果故障持续时间超过10min，则将其记录下来。一般仪表不显示故障信息提示。

（5）故障处理措施

① 联锁故障，排除下列部件或功能故障：混合气调节；可调式凸轮轴控制装置；燃油箱排气系统；点火开关；喷射装置；曲轴传感器；凸轮轴传感器；电动节气门调节器；热膜式空气质量计。

② 检查排气装置是否有泄漏。

③ 检测下列部件之间的导线和插头连接：发动机控制单元；废气催化转换器后氧传感器。

④ 更换三元催化器后氧传感器。

31. 故障码P2270诊断（四）（宝马X5，N57发动机故障码采集）

（1）故障描述　三元催化器后氧传感器，氧气浓度高，不可信（在滑行运动中）。

（2）故障生成原理　在滑行中监控三元催化器后氧传感器，验证测得的氧气含量及计算出的氧气含量的可信度。如果在滑行中测量的氧气含量过高，则识别到故障，生成故障码P2270。

（3）故障识别条件　控制单元电压：9.5～16V。以下条件必须满足，才能进行可信度检测。

① 氧气含量值无效。

② 计算出的氧气含量稳定。

如果下列值在一定的极限范围内，满负荷可信度被许可。

① 发动机转速、喷油量和空气质量。

② 燃油箱未空。

③ 蓄电池电压大于下列极限值：10.7V。

如果满足所有上述条件，则确定当前发动机运行点上的空气量，空气量必须超出极限值。在下列时间光栅内持续监控：20ms。

（4）故障存储条件和显示　如果识别到故障的时间超过下列时间间隔，则记录故障（反跳时间）：100ms。无驾驶员信息提示。

（5）故障处理措施

① 检查排气系统的密封性。

② 检查导线和插头连接。

③ 如果导线和插头连接正常则更换三元催化器后氧传感器。

32. 故障码P2270诊断（五）（宝马X5，N57发动机故障码采集）

（1）故障描述　三元催化器后氧传感器，氧气浓度高，不可信（在部分负荷）。

（2）故障生成原理　在部分负荷且废气再循环激活时用计算所得的废气催化转换器后氧传感器氧气含量验证测得的氧气含量。如果测得的氧气含量过高，则识别为故障，生成故障码P2270。

（3）故障识别条件　控制单元电压：9.5～16V。以下条件必须满足，才能进行可信度检测。

① 喷油量对于氧气含量的影响已明确。

② 氧气含量值无效。

③ 计算出的氧气含量稳定。

④ 在以下条件下，允许在满负荷下进行验证。

a. 发动机转速在下转速阈值和上转速阈值之间。转速极限值下限：650r/min。转速极限值上限：2000r/min。

b. 喷油量在喷油量的下阈值和上阈值之间。喷油量下限：4mg/冲程。喷油量上限：25mg/冲程。

c. 空气量在下阈值和上阈值之间。空气量下阈值：180mg/冲程。空气量上阈值：650mg/冲程。

⑤ 必须在滑行运行中禁用废气再循环控制系统。废气再循环的滑行断油监控必须允许满负荷。

⑥ 燃油箱的容积大于下列最小填充量：在0l～5l之间（与型号有关）。

⑦ 蓄电池电压大于下列最小电压：10.7V。

如果满足所有上述条件，则通过整合当前运行状态中的空气流量确定空气质量。满负荷总数值必须超过极限值。如果满足上述的激活条件之一，则重新启动整合。在下列时间光栅内持续监控：20ms。

（4）故障存储条件和显示　如果识别到故障的时间超过下列时间间隔，则记录故障（反跳时间）：500ms。无驾驶员信息提示。

（5）故障处理措施

① 检查导线和插头连接。检查排气系统的密封性和废气催化转换器后氧传感器是否正确安装。

② 如果前面进行的检测都正常则更换新的三元催化器。

33. 故障码P2271诊断（一）（宝马5系，N20发动机故障码采集）

（1）故障描述　三元催化器后氧传感器，信号确定为混合气过浓。该诊断监控滑行运行时三元催化器后氧传感器的电压。

（2）故障生成原理　如果滑行时氧传感器电压大于0.2V，则识别为故障，生成故障码P2271。

（3）故障识别条件　控制单元电压：9～16V。总线端KL.15接通。

① 温度条件：废气温度大于300℃且小于800℃。

② 时间条件：无。

③其他条件：发动机处于滑行运行状态。

（4）故障存储条件和显示　如果故障存在时间超过20min，则记录该故障。无驾驶员信息提示。

（5）故障处理措施　检测发动机控制单元与三元催化器后氧传感器之间的导线和插头连接。更换三元催化器后氧传感器。

34. 故障码P2271诊断（二）（宝马5系，N20发动机故障码采集）

（1）故障描述　三元催化器后氧传感器，系统检查：信号停留在燃油浓度过高。该诊断监控废气催化转换器后氧传感器的电压。

（2）故障生成原理　如果废气催化转换器后氧传感器的电压持久过高，则识别到该故障，生成故障码P2271。

（3）故障识别条件　控制单元电压：9～16V。总线端KL.15接通。
①温度条件：冷却液温度高于80℃。
②时间条件：无。
③其他条件：发动机运转；以较低直至中等部分负荷定速行驶。

（4）故障存储条件和显示　如果故障持续时间超过10min，则将其记录下来。

（5）故障处理措施
①联锁故障，排除下列部件或功能故障：混合气调节；可调式凸轮轴控制装置；燃油箱排气系统；点火开关；喷射装置；曲轴传感器；凸轮轴传感器；电动节气门调节器；热膜式空气质量计。
②检查废气催化转换器后氧传感器之前的排气装置是否密封。
③检测发动机控制单元与三元催化器前氧传感器、后氧传感器之间的导线和插头连接情况。
更换三元催化器前氧传感器。更换三元催化器后氧传感器。

35. 故障码P2271诊断（三）（宝马5系，N20发动机故障码采集）

（1）故障描述　三元催化器后氧传感器，系统检查：信号一直较强。诊断系统在主动测试时监控废气催化转换器后氧传感器的电压上下限。如果空气过量系数调节器诊断识别出一个故障，便将启动该主动测试。

（2）故障原因　可能的故障原因：
①三元催化器后氧传感器损坏；
②三元催化器后氧传感器之前的消音器不密封；
③三元催化器后氧传感器的电线束损坏。

（3）故障生成原理　如果废气催化转换器后氧传感器电压小于0.2V（过稀），则识别出该故障，生成故障码P2271。

（4）故障识别条件
①电压条件：无。
②温度条件：无。
③时间条件：无。
④其他条件：发动机运转。

（5）故障存储条件和显示

① 如果该故障在空气过量系数调节器诊断结束后存在超过300s，便会被记录。
② 仪表故障信息显示：发动机故障警告灯点亮。
（6）故障处理措施
① 对混淆的氧传感器进行系统测试。
② 检查三元催化器后氧传感器的电线束。
③ 检查三元催化器后氧传感器之前的消音器的密封性。
④ 更换三元催化器后氧传感器。
⑤ 更换三元催化器前氧传感器。
⑥ 更换发动机控制单元。

36. 故障码P0141诊断（一）（宝马5系，N20发动机故障码采集）

（1）故障描述　三元催化器后氧传感器加热器内电阻过高。该诊断监控废气催化转换器后氧传感器的内电阻。
（2）故障原因　可能的故障原因：
① 三元催化器后氧传感器受外部影响（例如结冰）降温过大；
② 三元催化器后氧传感器的电线束损坏；
③ 三元催化器后氧传感器损坏。
（3）故障生成原理　如果废气催化转换器后氧传感器的内电阻大于5000Ω，则识别到该故障，生成故障码P0141。
（4）故障识别条件
① 电压条件：无。
② 温度条件：废气温度<700℃。
③ 时间条件：无。
④ 其他条件：发动机运转；未存储其他故障。
（5）故障存储条件和显示　如果故障存在时间超过400s，则被记录。发动机警告灯点亮。
（6）故障处理措施
① 如有可能，检查故障是否是由结冰引起的。
② 检测三元催化器后氧传感器的电线束。
③ 更换三元催化器后氧传感器。

37. 故障码P0141诊断（二）（宝马5系，N20发动机故障码采集）

（1）故障描述　三元催化器后氧传感器加热器内电阻过高。诊断监控三元催化器后氧传感器加热装置。
（2）故障生成原理　如果后氧传感器的内电阻超过所允许的最大值，则识别到故障，生成故障码P0141。
（3）故障识别条件　控制单元电压：9～16V。总线端KL.15接通。
① 温度条件：无。
② 时间条件：在后氧传感器准备就绪后直接进行诊断。
③ 其他条件：发动机运转；至60min时停止；之前删除故障代码存储器时诊断未启用。

（4）故障存储条件和显示　立刻记录故障。发动机故障灯点亮。
（5）故障处理措施　检测发动机控制单元与三元催化器之间的导线和插头连接。如果在导线和插头连接上未发现任何故障则更换三元催化器后氧传感器。

> **维修提示**
>
> ① 本故障会导致发动机运行不平稳，燃油消耗增加。
> ② 后氧传感器加热装置的内电阻可在拔下或拆卸状态下测得。当后氧传感器损坏且处于冷态（＜50℃）时，在后氧传感器加热装置的12V电源和接地之间可能测得大于100Ω的电阻。
> ③ 插头连接处不能接触清洁剂或溶剂，因为后氧传感器可能因此被损坏。

38. 故障码P0036诊断（宝马5系，N20发动机故障码采集）

（1）故障描述　三元催化器后氧传感器加热器，控制：断路。
（2）故障原因　可能的故障原因：
① 三元催化器后氧传感器的电线束损坏；
② 三元催化器后氧传感器损坏；
③ 发动机控制单元损坏。
（3）故障生成原理　该诊断监控内部末级诊断的信息。该故障可通过自诊断识别，生成故障码P0141。
（4）故障识别条件
① 电压条件：车载网络电压＞10V。
② 温度条件：无。
③ 时间条件：0.2s。
④ 其他条件：发动机运转；未存储其他故障。
（5）故障存储条件和显示　将立即记录该故障。发动机故障灯点亮。
（6）故障处理措施
① 检测三元催化器后氧传感器的电线束。
② 更换三元催化器后氧传感器。
③ 更换发动机控制单元。

39. 故障码P0038诊断（宝马X5系，N57发动机故障码采集）

（1）故障描述　三元催化器后氧传感器加热器，控制：对正极短路。
（2）故障原因　可能的故障原因：
① 废气催化转换器后氧传感器的电线束损坏；
② 废气催化转换器后氧传感器损坏；
③ 发动机控制单元损坏。
（3）故障生成原理　该诊断监控内部末级诊断的信息。该故障可通过自诊断识别，生成故障码P0141。
（4）故障识别条件
① 电压条件：车载网络电压＞10V。

② 温度条件：无。
③ 时间条件：0.2s。
④ 其他条件：发动机运转；未存储其他故障。
(5) 故障存储条件和显示　将立即记录该故障。发动机故障灯点亮。
(6) 故障处理措施
① 检测三元催化器后氧传感器的电线束。
② 更换三元催化器后氧传感器。
③ 更换发动机控制单元。

第三章 三元催化器监测及诊断

第一节 三元催化器概要

一、三元催化器结构及作用

1. 三元催化器结构

三元催化器安装在排气系统的歧管和消声器之间,主要由壳体、减震层、载体、催化器等部分组成。壳体由不锈钢板材料制成,外面装有隔热罩,防止高温对外辐射和外部撞击或溅水造成的损坏。减震层是壳体与载体之间的减震密封垫,主要起减震、缓解热应力、保温和密封的作用。载体一般用金属陶瓷或金属板制成,其结构做成蜂窝状。做成蜂窝状的目的是加大催化面积。在蜂窝状载体孔道的壁面上涂有一层多孔的活性层,其粗糙多孔的表面可使载体壁面的实际催化反应面积大大增加。图3-1为三元催化器结构。

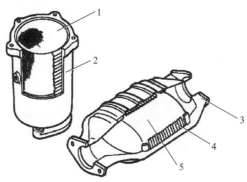

图3-1 三元催化器结构

1—整体式催化剂;2—金属网;3—壳体;4—金属网;5—整体式催化剂

2. 三元催化器作用

通过氧传感器对空燃比反馈进行控制，将空燃比控制在理论空燃比附近。

① 可燃混合气浓，O_2过少时，催化剂自身释放出O_2，以促进HC或CO的氧化。而且以CO作为媒介，将NO_x还原/氧化为N_2、C_2、CO_2。

② 可燃混合气稀，O_2过多时，一边储存O_2，一边使HC与CO发生氧化，变成H_2O、CO_2。通过这个反复过程，净化了CO、HC、NO_x。

由于熄火等原因，造成未燃烧气体产生异常发热时，造成表面积下降、构成变化、重金属集中等促进化学反应的能力下降（热劣化）。这种能力的下降，即使在正常工作时，也会随着时间的变化而下降。三元催化器转化效能与温度关系见图3-2。

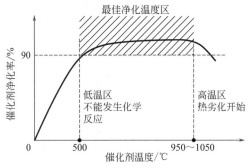

图3-2 三元催化器转化效能与温度关系

维修图解

混合气空燃比为理论值14.7：1燃烧时，三元催化器才会以最大效率工作，为了保持正确的混合比，系统使用带氧传感器的闭环系统。三元催化器转化效果示意见图3-3。

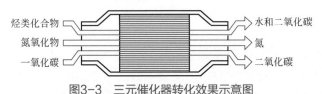

图3-3 三元催化器转化效果示意图

二、三元催化器故障形态

三元催化器故障一般有热劣化、载体熔损、物理性破损、催化剂中毒这4种情况，见表3-1、图3-4、图3-5。

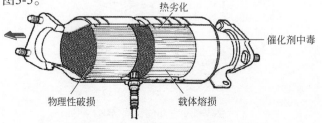

图3-4 三元催化器故障形式

表3-1 三元催化器失效原因

故障形态	故障生成条件	可能的原因	排放影响
热劣化	由于长时间劣化	因正常使用而劣化	有
热劣化	由于异常高温，特异劣化	失火	有
热劣化	由于异常高温，特异劣化	空燃比异常	有
载体熔损	由于异常高温，特异劣化	失火	有
载体熔损	由于异常高温，特异劣化	空燃比异常	有
物理性破损	较差路段行驶、事故等	不可推测	有
催化剂中毒	老化	推测内的劣化	有
催化剂中毒	使用含铅高的燃料	非指定燃料、地域差异等	有

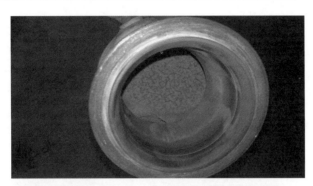

图3-5 三元催化器内部破损

第二节 三元催化器监测

一、三元催化器基本监测原理

如果主要相关OBD系统部件被诊断为"异常"，包括质量型空气流量传感器、曲轴位置传感器、发动机冷却液温度传感器、加热式前后氧传感器和加热器等，三元催化器功能的诊断将不能进行。如果主要项目的诊断正常，ECM首先检查发动机冷却液温度是否高于规定水平，然后检查催化器温度是否到达可诊断温度。这是通过进气温度、发动机转速、空气流量、发动机运转时间、喷油脉宽、车速等计算出的催化器温度指数来完成的。当三元催化器到达工作温度时，必须满足发动机转速、喷油脉宽、车速和时间等特定条件。这些条件因车辆的不同而不同。满足诊断条件时，首先执行第一阶段诊断。这通过加热式前后氧传感器的信号检查催化器氧气储量来完成。

维修图解

简单地讲，PCM监控加热式前后氧传感器的切换频率比。切换频率比是加热式后氧传感器（电压）切换频率与加热式前氧传感器（电压）切换频率之比。氧传感器波形对比如图3-6所示。

图3-6 氧传感器波形对比

在三元催化器转换过程中，加热式后氧传感器切换频率较低表示三元催化器的氧气储量高。氧气储量随催化器恶化而减少时，催化器将不能吸收空燃比的波动，加热式后氧传感器的切换频率将增大。如果加热式前氧传感器和加热式后氧传感器的频率比超过规定值，执行第二阶段诊断。

只有在第一阶段诊断不能证实催化器是否工作正常时，才执行第二阶段诊断。第二阶段诊断期间，PCM将混合比反馈控制从加热式前氧传感器切换到加热式后氧传感器。然后PCM测量两个传感器之间的切换滞后时间。

如果催化器仍然有较大的氧气储量，切换滞后时间将会较长。如果滞后时间低于规定水平，诊断出三元催化器故障并设置故障码。

二、三元催化器劣化监测

1. 监测方法

通过安装三元催化器后氧传感器来检测氧的浓度，可以检测出催化剂的净化性能下降。如果三元催化器工作不良，那么无法对有害气体进行转换。后氧传感器上的电压脉冲与前氧传感器的电压脉冲基本相同。前氧传感器输出电压见图3-7；三元催化器转化性能正常见图3-8；三元催化器转化性能劣化见图3-9。

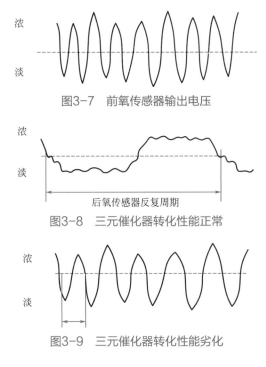

图3-7 前氧传感器输出电压

图3-8 三元催化器转化性能正常

图3-9 三元催化器转化性能劣化

2. 比较关系

（1）三元催化器正常时

维修图解

三元催化器正常时，三元催化器净化性能与后氧传感器反转周期的关系：由于催化后的空燃比变动变慢，反转周期变长，见图3-10。

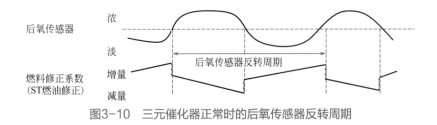

图3-10 三元催化器正常时的后氧传感器反转周期

（2）三元催化器劣化时

维修图解

三元催化器劣化时，三元催化器净化性能与后氧传感器反转周期的关系：由于三元催化器转化后的空燃比变动加快，反转周期变短，见图3-11。

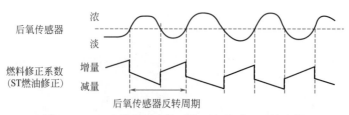

图3-11 三元催化器劣化时的后氧传感器反转周期

3. 预测后氧传感器偏差检测法

利用高精度空燃比控制，实现后氧传感器输出电压的控制。氧传感器输出电压见图3-12。

根据后氧反转周期检测法，催化剂劣化检测是后氧传感器在反转输出之前变化空燃比的一种方式。但是，这种方式应答性很差，会在很大程度上影响控制超低公害车的有害气体的排放。于是，就使用的新空燃比反馈（高精度空燃比控制）而言，其PCM在转换特性上可以预测催化剂后的后氧传感器输出电压，使空燃比控制停留在中间电位，从而使其能稳定在更接近理论空燃比（图3-13），再设定催化剂前的目标空燃比。因此用这种高精度空燃比控制对应的催化剂劣化检测法（预测后氧传感器偏差检测法）是有必要的。

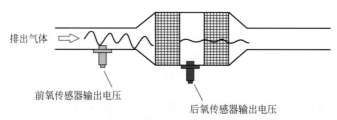

图3-12 氧传感器输出电压（参见附录彩图）

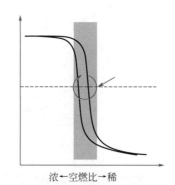

图3-13 理论空燃比（参见附录彩图）

三、三元催化器劣化判断

当三元催化器的净化能力下降时，会使以催化剂后空燃比为目标的后传感器输出所产生的偏差的频度增加。如果表示这种状态的参数在所定的时间内，超过了所定的值就判定为故障。三元催化器正常与劣化对比见图3-14。

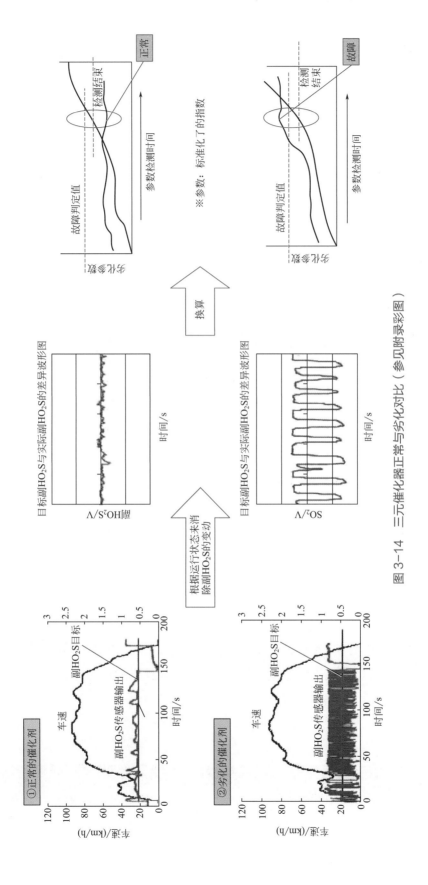

图 3-14 三元催化器正常与劣化对比（参见附录彩图）

第三节　三元催化器诊断

一、发动机排气不畅故障

判断三元催化器是否发生堵塞和消音器内部隔音板开焊造成排气不畅的方法很多。最简单的方法就是将手放到尾管排气出气口处,用手感觉排气尾管的排气量,如在相同的节气门开度下,排气量明显小于其他车,说明该发动机排气不畅。另一个方法是打开空滤器,拆掉滤芯,急加速时如果有废气反流,说明该发动机排气不畅。检测TWC是否发生堵塞也可以看氧传感器触点颜色。

维修提示

① 氧传感器触点颜色发黑,说明混合气过浓,TWC前部被积炭堵塞。
② 氧传感器触点颜色发白,说明冷却液进入燃烧室(冷却液结晶为白色),氧传感器触点被冷却液污染,TWC前部被冷却液的白色结晶堵塞。

二、电压和波形判断故障

通过前后氧传感器输出电压和波形的对比,来判断三元催化器好坏。

前氧传感器负责排放的开闭环控制,后氧传感器负责监测TWC。路试中用解码器读数据流,正常情况下前氧传感器输出电压在0~1V之间交替快速变化(8次/10s以上)。由于TWC在净化尾气时消耗掉了废气中的氧气,使后氧传感器输出电压信号波形变化很缓慢,若是接近于一条0.5V的直线,则表明TWC工作良好。TWC已将95%左右的废气转化为无害物质,其突出的表现就是经过TWC转化后氧含量明显减少了。

维修图解

如图3-15所示,如果前后氧传感器的输出电压完全一样,说明三元催化器已经失效,失去了对废气的净化作用,已不再消耗氧气,所以TWC前后的氧气量没有变化,必须更换三元催化器。

特别注意

对于三元催化器的判断是通过前后氧传感器的信号比对来进行的,它只能判断碳氢等有害气体转化效率降低而不能由此判断三元催化器是否堵塞。

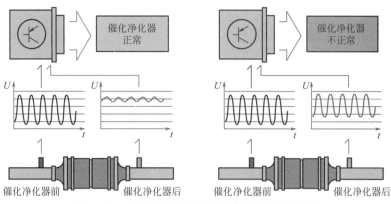

图3-15 三元催化器故障判断（参见附录彩图）

三、温差判断故障

用红外线测温仪检测TWC的前后温差，来判断三元催化器好坏。

汽车行驶中正常的三元催化器在正常工作温度下，出气口温度至少比进气口温度高出38℃，在怠速时出气口温度比进气口温度也应高出10℃以上。

维修提示

在热车状态下，举升汽车，用红外线测温仪检测三元催化器进气口和出气口的温度，如果温差不足10℃，说明TWC内部堵塞严重，必须更换。

四、真空度判断故障

怠速时进气道内真空度应较高，从进气道上拔下任意一个真空软管，用手指封住，应感觉到明显的真空吸力。如真空度过低，则感觉不到明显的真空吸力。

维修提示

如果发动机怠速运转稳定，说明进气系统没有任何泄漏点。因为进气系统泄漏，怠速转速会出现向高怠速的漂移，最大的可能性是排气系统不畅通，三元催化器内部更容易被积炭堵塞。

五、废气反流判断故障

三元催化器堵塞严重的话，会造成废气反流。打开空气滤清器上盖，猛踩加速踏板，废气会从空气滤清器中冒出。发动机工作状态下用尾气分析仪检测空气滤清器气流入口处，可以测到HC。所以三元催化器堵塞后如不及时更换，会使空气流量传感器热丝或热膜上产生积垢，造成混合气过稀的故障，废气不能及时排出。

三元催化器堵塞除了车速上不去，严重时启动不着车，通常发动机热车时怠速还不如冷车时的快怠速稳定，尤其热车时怠速不稳定，急加速时废气从空滤器进气口回流，尾气难闻发呛。

六、故障码分析

1. 故障码P0420分析（一）（宝马5系，N20发动机故障码采集）

（1）故障描述　三元催化器转化效率低于极限值。诊断监控三元催化器的氧气存储能力。

（2）故障原因　可能的故障原因：三元催化器损坏。

（3）故障生成原理　如果三元催化器诊断值超过了数值0.92，则识别到故障，生成故障码P0420。

（4）故障识别条件

① 电压条件：车载网络电压＞10V。

② 温度条件：冷却液温度＞70℃。

③ 计算的前部废气催化转换器温度＞380℃。

④ 计算的废气催化转换器温度＞450℃。

⑤ 时间条件：无。

⑥ 其他条件：发动机运转；速度在28～109km/h之间；空燃比控制和空气过量系数调节，接通；转速在1500～3000r/min之间。

（5）故障存储条件和显示　将立即记录该故障。发动机故障灯点亮。

（6）故障处理措施

① 如果记录了有关氧传感器的故障，则存在一个联锁故障。

② 目检三元催化器是否机械损坏。

③ 检查排气装置的密封性。

④ 如果故障多次出现或持续存在，则更换新的三元催化器。

2. 故障码P0420分析（二）（宝马5系，N20发动机故障码采集）

（1）故障描述　三元催化器有效程度位于临界值以下。此诊断监控废气催化转换器的氧气存储能力。

（2）故障生成原理　如果三元催化器不能继续存储足够的氧气，则识别为故障，生成故障码P0420。

（3）故障识别条件　控制单元电压：9～16V；总线端KL.15接通。

① 温度条件：催化剂温度大于500℃；冷却液温大于80℃。

② 流量条件：恒定的废气质量流量大于50kg/h。

③ 其他条件：发动机运转；在中等发动机转速（1200～3000r/min）下以介于50～80km/h之间的速度定速行驶；无表明混合气调节错误的故障记录。

（4）故障存储条件和显示　立刻记录故障。

（5）故障处理措施

① 联锁故障，排除氧传感器故障或其他功能故障。

② 检查排气装置是否有泄漏。

③ 更换三元催化器。

④ 混合气调校。

第四章 失火监控及诊断

第一节 失火监测

一、失火监测基本原理

1. OBD系统中对失火的定义

GB 18352.5—2013（国五排放标准）对失火这样描述：由于没有点火、燃料过稀、压缩压力不够或其他任何原因，导致点燃式发动机气缸内没有形成燃烧。

2. 失火监测基本原理和判断方法

（1）基本原理　失火监测的基本原理是当发动机各气缸点火时曲轴转速产生波动，失火时，曲轴的转速下降。利用曲轴位置传感器，PCM可以通过监测转动速度波动来确定气缸是否失火。

维修图解

如果发生失火，发动机转速将会波动。曲轴位置传感器监控发动机的转速波动。通过测量曲轴转过各缸特定点火角所需的时间来执行诊断。然后PCM计算出曲轴转速波动指数值，将它与内存中预设的已知最佳值进行比较。如果测量的指数值偏离合理范围，则推断出失火并设置故障码。如图4-1所示为发动机失火监测。

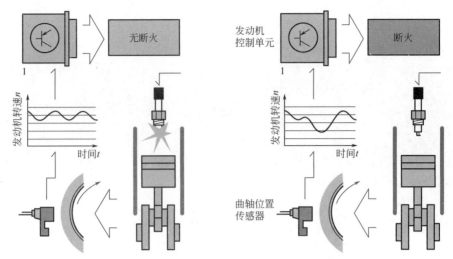

图4-1 发动机失火监测（参见附录彩图）

（2）运行不平稳性法　发动机转速传感器借助曲轴标记盘来识别出发动机转速的不均匀，这种转速不均匀是由断火引起的。与霍尔传感器信号（凸轮轴位置）配合使用，发动机控制单元就可以断定是哪个气缸断火，将故障存入故障存储器并接通发动机故障灯。

（3）扭矩分析法　扭矩分析法与运行不平稳性法一样，它根据发动机转速传感器信号和凸轮轴位置传感器信号来识别出哪个气缸断火。但这两个方法的区别在于对发动机转速信号的分析。

扭矩分析法将不稳定的转速（由点火和压缩而引起的）与发动机控制单元内的固定计算值进行对比。这些计算的基础包括取决于负荷和转速的扭矩、飞轮质量及其所形成的发动机转速特性。

这样计算出来的发动机扭矩的波动与从运行不平稳性法所获得的结果具有一样的效力，但是每种车型都必须分析发动机转速特性并存入发动机控制单元。

（4）不良路段识别　根据各个车轮的平均加速度识别在不良路段上的不良路段运行（例如，驶过石头、碎石或坑洞等路面）。在识别到不良路段时会存储一个故障并短时关闭点火失火识别。因为驱动系统在不良路段上的振动可能导致错误的点火失火识别，所以关闭是必要的。反过来，不良路段识别也可能反应过迟（在已经错误识别到点火失火后），在这种情况下，借助不良路段识别熄火识别成错误诊断。

二、失火监测功能

PCM通过测量曲轴转过规定转角所用时间来确定曲轴转速。当气缸点火时，曲轴加速。该加速度与气缸产生的扭矩量直接相关。将各加速度与周围气缸曲轴加速度的平均数比较，失火监测器便可以确定是否有气缸未产生加速度（加速度是速度的变化率）。

（1）发动机转动变化监测　失火监测以发动机转速变化为监测基准。转动变化的监测由安装在曲轴上的脉冲发生器与曲轴角度传感器，以脉冲发生器齿间隔30°在每个区间进行（脉冲发生器齿间隔在部分车辆上会存在差异）。

如果发生失火现象,会因无法获得正常扭矩,而使发动机的转动发生变化。发动机的转动变化是以发动机转动时间变化来体现的。发动机的转动时间,如图4-2所示,由PCM以30°的间隔随时进行监测,这个数值就是失火监测用数值。

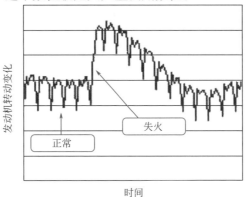

图4-2 由于失火的发动机转动变化

(2)发动机转动时间监测后的失火监测流程 监测的发动机转动时间根据失火的程度(也就是说,是1个气缸连续失火、单次失火,还是无失火状况)虽然可以知道回转变化多少有差异,但是只从转动时间来区分在什么地方失火是很困难的。因此,需要通过明确各种失火情况而产生的不同转动变化特性,将此作为监测失火的必要信息。各种情况下的发动机转动见图4-3。

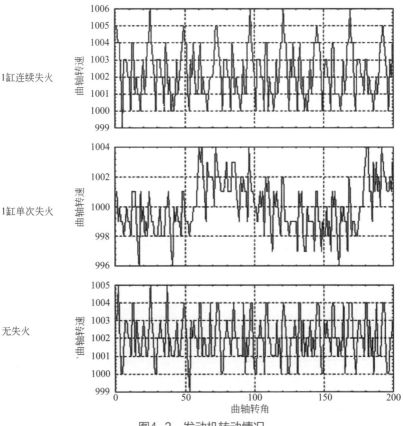

图4-3 发动机转动情况

三、失火监测类型

按照法规规定，作为失火监测的要件，在OBD系统中，主要监测给三元催化器造成损坏的失火以及引发排气恶化的失火。失火分为两个类型：A类失火和B类失火。与B类判定相比，发生A类判定的失火时，都会比较紧急而且严重。

1. A类失火判定

监测造成三元催化器损坏的失火。A类失火判定，监测会成为导致三元催化器热老化的温度上升之起因的失火（图4-4）。根据发动机转了每200转时的整体失火率判定失火。

对于多缸发动机（6缸和8缸发动机）发生失火，PCM可以关闭两个缸来防止三元催化器损坏。而后PCM会尝试重新启用关闭的气缸，如果失火不再存在，则使其重新投入工作。

2. B类失火判定

监测会成为导致排放气体超过OBD规格值恶劣状态的失火（图4-5）。这类失火主要影响排放性能，根据发动机每1000转时的整体失火率判定失火。如果排放超标，在第二个循环中将点亮发动机故障灯，如果第三个循环没有监测到更多的失火发生，发动机故障灯自动熄灭。

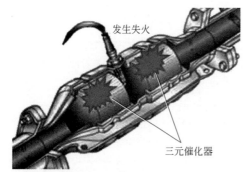

图4-4 A类失火判定示意图
（三元催化器热老化）（参见附录彩图）

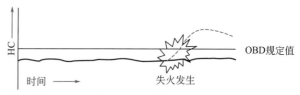

图4-5 B类失火判定示意图（排放恶劣）

第二节　发动机失火诊断

一、发动机失火采集

失火，修车过程中经常说缺火、缺缸等。点火失火识别是由发动机控制单元来完成的。

点火失火识别可通过转速信号采集来识别燃烧不良的气缸。监测发动机时，为了产生有说服力的数值，发动机必须在怠速下运行至少3min甚至更长的时间。怠速平稳性分析只在怠速下起作用（冷态或热态），可识别单个燃烧不良的气缸。个别气缸运转平稳性数值的偶然波动可以通过详细观察来识别。对于理论上均匀燃烧的发动机，运转平稳性数值为0（所有气缸的平均值）。例如，点火失火、空气过剩、混合气浓度偏差、燃油供应故障、压缩压力不足都可能导致运转平稳性数值升高。

因此不能定义准确的调节极限。借助曲轴传感器可以在增量轮上测量发动机转速。除了转速信号采集，还可监控发动机的运行平稳性（点火失火识别）。为进行点火失火识别，增量轮在发动机控制单元中被根据点火间隔（2个点火过程之间）划分成多个扇形区。发动机控制单元中测量各个扇形区的周期持续时间并进行统计分析，为每个特性曲线值存储了运行不稳定的最大允许值（作为发动机转速、负荷和冷却液温度）。如果在一定次数的燃烧时超过这些数值，则为一个被识别成有故障的气缸存储一条故障代码存储记录。

二、发动机运转平稳性数值和点火失火识别

安静、无故障的运行以及在发动机的大部分转速范围内均无振动时，称为运行平稳性。受制于结构设计，6缸发动机由于惯性力均衡，其运行平稳性新原则上高于4缸发动机。但运行平稳性主要取决于燃烧动力，而非惯性力。燃烧不均匀时尤其会产生运行不稳定现象。因此，发动机控制系统具有运行平稳性控制功能。

通过曲轴位置传感器识别曲轴的转动速度变化，在各个气缸中每次引爆/燃烧混合气时，均会稍稍加速曲轴，并在换气期间又再次将其稍微制动。如果加速力增加，则怠速转速也会增加，直到加速和制动之间重新达到平衡。针对8缸发动机，在2个工作周期（720°曲轴）内进行8次燃烧周期。即每次燃烧可以分配到90°曲轴角度的扇形区。因此，燃烧周期可以分配给各个气缸，并可以相互比较。以6缸发动机示例：720除以6等于120，即为120°曲轴。

平均值与较高的加速度的偏差得到正的运转平稳性数值。平均值与较高的减速度的偏差得到负的运转平稳性数值。

一个周期（720°曲轴）的运转平稳性数值总和在转速恒定时为0。实际上，会出现与总和值0较小的偏差。这重新又会导致通常几乎难以察觉的小转速波动。

怠速时的运转平稳性数值不超过一定值，仍处于正常范围。

例如：某发动机当所有气缸值按相似的数量级变化时，这些值介于-7～+7之间，仍处于正常范围并且未察觉到偏差。当气缸值接近0并且只有一个气缸值达到5～7时，已经可以察觉到偏差。运行不稳定尤其会因为下列原因而出现。

① 喷油量偏差、混合气浓度偏差（喷油嘴故障）。
② 不同的气缸进气（例如进气道积炭、过剩空气）。
③ 不同的压缩、缺少压缩。
④ 缓慢的燃烧（火花塞、点火线圈）。
⑤ 不一致的气缸列增压（废气涡轮增压器）。

当上述原因导致熄火时，运行平稳性尤其差。

三、发动机运转平稳性数值和熄火之间的关系

基于OBD的规定必须在特定的发动机运行状态下确定无疑地识别到熄火。但不是直接

识别到熄火（例如通过气缸内的压力传感器），而是间接通过运行平稳性数值的变化进行识别。超出一定的运转平稳性数值后推断出存在熄火。

点火失火识别计数器在预定义的测量周期内计数识别到的熄火次数。当计数器超过一定极限值时，也就是说在测量期间存在多个高运转平稳性数值，可从中得出，熄火是运行不稳定的原因所在（最有可能的故障原因），存在不利的废气值，此外存在废气催化转换器可能损坏的危险。因此在相应的气缸上将断开燃油输入。存储类型为"识别到气缸1熄火"的故障。

维修提示

当出现不至于影响到废气值的机械问题时，通过运行平稳性数值间接识别熄火也会导致熄火的错误识别。例如：增压空气引导系统中的故障会造成运行不稳定，而不存在废气危害。上述怠速平稳性分析只在怠速下起作用（冷态或热态）。可识别单个燃烧不良的气缸。不良路段识别功能可识别在不良行驶路段上的不良路段运行模式。

四、曲轴位置传感器

1. 曲轴位置传感器功能

曲轴位置传感器集成在径向轴密封环中。曲轴位置传感器借助一个拧在飞轮上的多极传感轮探测曲轴位置。发动机控制单元据此计算出发动机转速。曲轴位置传感器连同凸轮轴位置传感器一起，是全顺序喷射装置所必需的（与气缸中的点火时刻最佳协调的燃油喷射）。

此外，发动机控制单元通过曲轴位置传感器的信号分析曲轴加速度。通过曲轴加速度可推断出各个气缸的燃烧质量。多极传感轮具有58个磁极对和1个参考点。多极传感轮的参考点是一个双倍长度的磁极。

通过该基准点，可识别出第1个气缸的上死点。通过监控各个磁极对，霍尔传感器向发动机控制单元发送一定数量的信号。曲轴位置传感器见图4-6、图4-7。

图4-6 曲轴位置传感器（车上）（参见附录彩图）

A—曲轴上的视图；B—不带启动电动机的视图；1—插头连接器；2—防尘密封件；3—曲轴位置传感器；4—多极传感轮；5—起动机

图4-7 曲轴位置传感器
1—曲轴位置传感器；2—多极传感轮；3—插头连接器

维修图解

发动机控制单元根据读取的信号计算出发动机转速。为了正常启动发动机，发动机控制单元检查下列条件是否满足：曲轴位置传感器和凸轮轴位置传感器发出的信号没有错误；必须按规定的时间顺序识别到这两个信号。

这一步骤称为同步过程，并仅在车辆启动时执行。首先，同步使发动机控制单元能够正确控制燃油喷射。不同步时不能启动车辆。

如果在发动机启动（曲轴旋转第一圈）时，曲轴位置传感器信号缺失，或识别出无效同步，便会立即开始进行诊断，这时将读取凸轮轴位置传感器信号。如果读取了凸轮轴上的12个齿面，而故障仍然存在，便会存入一个故障。一旦运转中的发动机未接收到曲轴位置传感器信号，或不存在有效的同步，便会开始确认故障。

2. 曲轴位置传感器特性线

从高相位到低相位的过渡标志着磁场的变化。在发动机控制单元中对这些变化进行计数。磁场两次切换之间的偏差为6°曲轴转角。曲轴位置传感器线性见图4-8、图4-9。曲轴位置传感器的参数见表4-1。

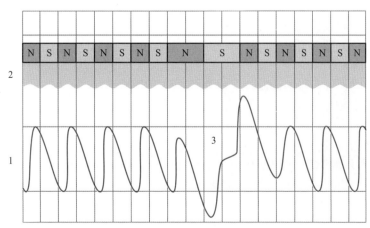

图4-8 曲轴位置传感器特性曲线
1—信号曲线（系统内部计算）；2—多极传感轮；3—基准信号

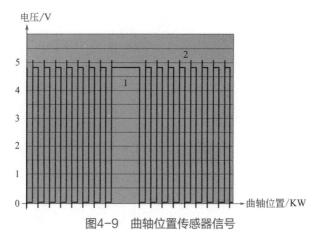

图4-9 曲轴位置传感器信号

1—曲轴位置传感器参考信号；2—曲轴位置传感器信号曲线

表4-1 曲轴位置传感器参数

项目	参数
电压范围	4.5～5.5V
信号电压	4.1～5.1V
转速范围	8000r/min 以下
空气间隙范围	0.1～1.8mm
最大电流消耗	25mA
温度范围	-40～160℃

五、凸轮轴位置传感器

1. 信号采集

凸轮轴位置传感器固定在气缸盖罩上。凸轮轴位置传感器借助一个固定在凸轮轴上的增量轮（凸轮轴位置传感器齿盘）探测排气凸轮轴的位置。凸轮轴位置传感器提供凸轮轴位置调整装置所需的反馈信号。

对于凸轮轴位置传感器的诊断在下面几个条件下开始。

① 发动机控制单元主继电器接通。

② 发动机运行。

③ 发动机经过同步。

④ 未识别出发动机熄火。

⑤ 曲轴位置传感器发出的信号没有错误。

2. 凸轮轴位置传感器功能

为了进行调节，可调式凸轮轴控制装置需要一个有关凸轮轴当前位置的反馈信号。在进气和排气侧各有一个凸轮轴传感器检测凸轮轴的位置。

凸轮轴位置传感器是作为无接触霍尔传感器安装的。凸轮轴位置传感器齿盘有6个不同的齿面。齿面距离由霍尔传感器进行记录。

发动机控制系统将由此计算出凸轮轴转速和凸轮轴的确切位置。

维修图解

在两根进气和排气凸轮轴上各安装有一个调节过的凸轮轴调整装置。一个凸轮轴电磁阀用于控制此调整装置。可根据发动机转速和负荷信号计算出需要的进气凸轮轴和排气凸轮轴位置（与进气温度和发动机温度有关）。发动机控制单元相应地控制凸轮轴调整装置。进气和排气凸轮轴可在它们的最大调整范围内可变调节。

在加上电压时，便可识别出该传感器是否处于一个齿的位置，还是处于一个缺口的位置。凸轮轴位置传感器见图4-10。

3. 凸轮轴位置传感器原理

测量方法是以一个霍尔集成电路为基础的。输出信号通过齿面显示低状态，通过空隙显示高状态。排气凸轮轴位置传感器根据曲轴位置传感器原理工作。但是凸轮轴位置传感器齿盘也会有根本性区别。通过一块专用遮挡模板，可在曲轴位置传感器失效后进行紧急运行。但是凸轮轴位置传感器信号的分辨率太不准确，因此无法在正常运行下更换曲轴位置传感器。凸轮轴位置传感器线路见图4-11。

图4-10 凸轮轴位置传感器
1—传感器；2—插头连接器

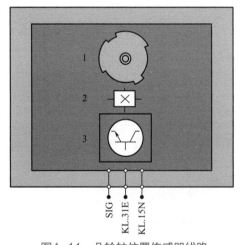

图4-11 凸轮轴位置传感器线路
1—凸轮轴位置传感器齿盘；2—霍尔传感器；3—电子分析装置；KL.15N—总线端KL.15N，供电电压；KL.31E—总线端KL.31E，接地；SIG—信号线

4. 信号曲线及标准值

发动机控制器读入传感器信号并将信号与保存的样本进行比较。通过比较传感器信号和样本，可以识别出凸轮轴的正确位置或偏差。凸轮轴位置传感器曲线见图4-12。凸轮轴位置传感器标准值见表4-2。

75

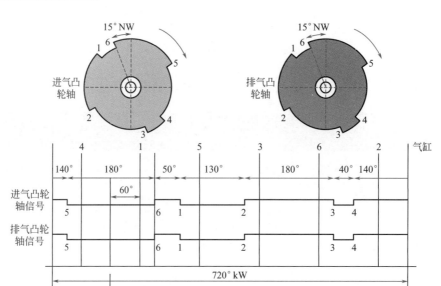

图4-12 凸轮轴位置传感器曲线

表4-2 凸轮轴位置传感器标准参数

项目	参数
电压范围	6～16V 或 5V（与发动机有关）
最大工作电流	小于 15A
转速范围	0～4000r/min
空气间隙范围	0.4～2.0mm
最大输出电流	20mA
温度范围	-40～160℃

六、点火线圈

1. 独立点火线圈

发动机具有一个带静态点火分电系统的感应式点火装置。每个气缸都有一个单独的点火线圈。这个线圈点火系统的点火电路由带初级和次级线圈的点火线圈和发动机控制单元中的点火终极组成。火花塞与次级线圈相连。每个火花塞都由一个单独的点火线圈（杆状点火线圈）以及发动机控制单元中一个单独的点火终极用高压控制。图4-13为独立点火线圈。

2. 功能概述

维修图解

点火终极在希望的点火时刻前使车载网络中的一个电流流过初级线圈。初级电路闭合期间（关闭时间），在初级线圈中建立起一个磁场。在点火时刻，流过初级线圈的电流重新中断。磁场的能量通过磁耦合的次级线圈放电（感应）。这时在次级线圈中产生一个高压，此高压在火花塞上产生点火火花。

火花塞上必要的点火电压（点火电压需求）必须始终低于点火装置可能的最大点火电压（点火电压供应）。在点火火花击穿后，剩余的能量在火花持续时间内在火花塞上转换掉。因此必须精确调整点火火花点燃燃烧室内的油气混合气的点火时刻。这样可以保证最佳扭矩以及低油耗，且同时有害物质的排放最小。

主要影响参数有：发动机转速；发动机扭矩；增压压力；当前过量空气系数；冷却液温度和进气温度；燃油等级（辛烷值）；发动机运转工况（发动机启动、急速、部分负荷、满负荷）。

图4-13　独立点火线圈
1—点火线圈；2—插头连接器；3—火花塞

3. 结构及内部线路

点火线圈按照变压器原理工作。在一个共用铁芯上安放着两个线圈。初级线圈由一根粗金属丝组成，匝数少。线圈的一端通过总线端KL.15过载保护继电器连接在车载网络电压正极（总线端KL.15）上，另一端（总线端KL.1）连接在点火终极上，这样点火终极能够接通初级电流。次级线圈由一根匝数很多的细金属丝制成。如图4-14所示为独立点火线圈线路。

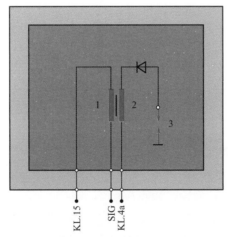

图4-14　独立点火线圈线路
1—初级线圈；2—次级线圈；3—火花塞；
KL.15—供电，通过总线端KL.15过载保护继电器；SIG—点火信号，总线端KL.1；KL.4a—总线端，接地

4. 信号曲线及参数

点火信号的计算还确保在正确的气缸中以最佳点火提前角使用必要的能量进行火花的点火，为此探测曲轴的转速信号。发动机控制单元由此计算出曲轴角度和当前发动机转速。

这样,在每个所需的曲轴角度上进行点火终极的接通和关闭。汽油发动机的有效范围为上止点前-70°曲轴转角至上止点后+30°曲轴转角。对于四冲程发动机,由于必须在发动机每旋转两圈后点火一次,因此要求凸轮轴位置传感器与气缸一致对应。点火线圈曲线如图4-15所示。

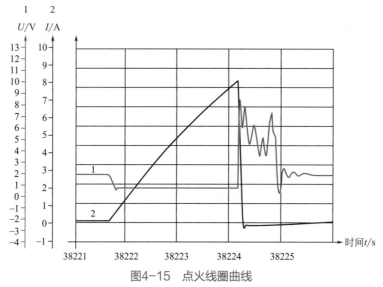

图4-15 点火线圈曲线

1—点火线圈总线端KL.1上的电压(来自点火终极);2—初级线圈充电电流

连续火花点火的基础是重复接通和关闭点火线圈,于是实际的点火火花扩展成一个火花带。通过提前后续扫气将中断单个点火,于是火花塞上没有更多能量传递到油气混合气中,剩余能量保留在点火线圈中,这样能够将后续扫气时间缩到最短。只能在低转速范围中以及暖机阶段时采用连续火花点火(清洁火花塞)。点火线圈参数见表4-3。

表4-3 点火线圈参数

项目/说明	参数
电压范围	6～16V
正常运行中的次级线圈电压	至29kV
正常运行时的最大耗电	8～10.5A
初级电阻	小于600mΩ
初级线圈与次级线圈的传动比	1:80
温度范围	-40～140℃

七、故障码分析

发动机控制模块使用曲轴位置传感器的信息确定何时出现发动机失火,并且使用凸轮轴位置传感器的信息确定哪个气缸正在失火。发动机控制模块通过监测各缸曲轴转速的变化,可以检测到各个失火。如果发动机控制模块检测到失火率足以使排放水平超出法定标准,则设置故障码P0300。

在一定的行驶条件下,失火率过高会导致三效催化转换器三元催化器过热,可能使转换器损坏。当转换器过热、出现损坏故障和设置故障码P0300时,故障指示灯将闪烁。4缸发动机故障码P0301~P0304对应于气缸1~4;6缸发动机故障码P0301~P0306,对应于气缸1~6;8缸发动机故障码P0301~P0308,对应于气缸1~8;12缸发动机故障码P0301~P0312,对应于气缸1~12。如果发动机控制模块可以确定失火的是哪个气缸,则设置该气缸的故障诊断码。

1. 故障码P0300分析

(1)故障描述　有失火,但失火监测器不能确定具体哪个气缸失火。

(2)故障原因　很多故障都可能造成失火。汽油发动机需要有几个基本条件:空气、燃油、压缩、点火火花等,如不具备这些基本条件,发动机就不会运转。如发动机的某一气缸中缺了这些条件,就会导致这个气缸失火。

(3)故障生成原理　曲轴在相应气缸的做功冲程期间相对于其他气缸延时,该诊断监控在一个行驶周期内是否记录了多个"熄火"故障。如果在至少2个气缸上存在熄火,则识别到故障,就会生成故障码P0300。

(4)故障识别条件　总线端KL.15接通。

① 其他电压条件:供电电压介于9~16V之间。

② 温度条件:无。

③ 时间条件:无。

④ 其他条件:发动机打开。

(5)故障存储条件和显示　如果在曲轴旋转200圈时识别到一个根据特性线的熄火数量,则记录该故障。

(6)故障处理措施　联锁故障,排除下列部件或功能故障:燃油供应、点火开关、供气、发动机冷却、发动机机构。

2. 故障码P0301分析(一)

(1)故障描述　1缸失火。熄火,1缸,启动过程后产生的废气有害。此诊断监控做功冲程的持续时间并通过分析转速信号将此持续时间与其他气缸相比较。

(2)故障生成原理　如果曲轴在相应气缸的做功冲程期间相对于其他气缸延时,则识别到故障,就会生成故障码P0301。

(3)故障识别条件　控制单元电压:9~16V。总线端KL.15接通。PWF状态:驾驶中。

① 温度条件:无。

② 时间条件:无。

③ 其他条件:发动机运转。

提示:总线端状态或PWF状态的名称分别根据车辆的车载网络选用。

(4)故障存储条件和显示　如果启动之后检测到特定次数的、会产生有害废气的熄火现象,则需对故障进行记录。

(5)故障处理措施　排除可能会造成熄火的可能存在的故障:燃油系统、点火装置、进气系统、气缸压力、曲轴箱通风、进气管道。

3. 故障码P0301分析（二）

（1）故障描述　1缸失火。1缸熄火，已识别。此诊断监控做功冲程的持续时间并通过分析转速信号将此持续时间与其他气缸相比较。

（2）故障生成原理　如果曲轴在相应气缸的做功冲程期间相对于其他气缸延时，则识别到故障。

（3）故障识别条件　控制单元电压：9～16V。总线端KL.15接通。PWF状态：驾驶。

① 温度条件：冷却液温度高于-7.5℃。
② 时间条件：无。
③ 其他条件：发动机运转。

（4）故障存储条件和显示

① 该故障存在时间超过200圈曲轴转动时间。
② 该故障存在时间超过4000圈曲轴转动时间并在第一个1000圈曲轴转动结束后仍存在。
③ 在发动机启动后曲轴转动1000圈之后故障仍然存在。

（5）故障处理措施　检查是否记录有关于下列部件/功能的故障，如有则应首先排除这些故障：点火开关、燃油供应、供气、发动机机构。

4. 故障码P0302分析（一）

（1）故障描述　2缸失火。此诊断监控做功冲程的持续时间并通过分析转速信号将此持续时间与其他气缸相比较（分段时间）。

（2）故障生成原理　如果曲轴在相应气缸的做功冲程期间相对于其他气缸延时，则识别到故障。

（3）故障识别条件　总线端KL.15接通。

① 电压条件：供电电压介于9～16V之间。
② 温度条件：无。
③ 时间条件：无。
④ 其他条件：发动机打开。

（4）故障存储条件和显示　如果在曲轴旋转200圈时识别到一个根据特性线的熄火数量，则记录该故障。

（5）故障处理措施　检查燃油供应、点火开关、供气、发动机冷却、发动机机构。

5. 故障码P0302分析（二）

（1）故障描述　2缸失火。熄火，2缸，启动过程后产生的废气有害。该诊断监控做功冲程的持续时间并通过分析转速信号将此持续时间与其他气缸相比较。

（2）故障生成原理　如果曲轴在相应气缸的做功冲程期间相对于其他气缸延时，则识别到故障。

（3）故障识别条件　控制单元电压：9～16V。总线端KL.15接通。

① 温度条件：无。
② 时间条件：无。
③ 其他条件：发动机运转。

（4）故障存储条件和显示　如果启动之后检测到特定次数的、会产生有害废气的熄火现象，则需对故障进行记录。

（5）故障处理措施　排除会造成熄火的可能存在的故障：燃油系统、点火装置、进气系统、气缸压力、曲轴箱通风、进气管道。

6. 故障码P0303分析

（1）故障描述　3缸失火。该诊断监控做功冲程的持续时间并通过分析转速信号将此持续时间与其他气缸相比较。

（2）故障生成原理　如果曲轴在相应气缸的做功冲程期间相对于其他气缸延时，则识别到故障。

（3）故障识别条件　控制单元电压：9～16V。总线端KL.15接通。PWF状态：驾驶。
① 温度条件：无。
② 时间条件：无。
③ 其他条件：发动机运转。

（4）故障存储条件和显示　如果在曲轴旋转200圈时识别到一个根据特性线的熄火数量，则记录该故障。

（5）故障处理措施　排除会造成熄火的可能存在的故障：燃油系统、点火装置、进气系统、气缸压力、曲轴箱通风、进气管道。

7. 故障码P0304分析（一）

（1）故障描述　4缸失火。该诊断监控做功冲程的持续时间并通过分析转速信号将此持续时间与其他气缸相比较。

（2）故障生成原理　如果曲轴在相应气缸的做功冲程期间相对于其他气缸延时，则识别到故障。

（3）故障识别条件　控制单元电压：9～16V。总线端KL.15接通。
① 温度条件：无。
② 时间条件：无。
③ 其他条件：发动机运转。

（4）故障存储条件和显示　如果在曲轴旋转200圈时识别到一个根据特性线的熄火数量，则记录该故障。

（5）故障处理措施　排除会造成熄火的可能存在的故障：燃油系统、点火装置、进气系统、气缸压力、曲轴箱通风、进气管道。

8. 故障码P0304分析（二）

（1）故障描述　4缸失火。熄火，4缸，启动过程后产生的废气有害。该诊断监控做功冲程的持续时间并通过分析转速信号将此持续时间与其他气缸相比较（分段时间）。

（2）故障生成原理　如果曲轴在相应气缸的做功冲程期间相对于其他气缸延时，则识别到该故障。

（3）故障识别条件　总线端KL.15接通。
① 电压条件：车载网络电压在9～16V之间。
② 温度条件：无。

③时间条件：无。
④其他条件：发动机接通。

（4）故障存储条件和显示　如果在启动后曲轴旋转的第一个1000圈中识别到一个根据特性线的有废气危害的熄火数量，则记录该故障。

（5）故障处理措施　联锁故障，排除下列部件/功能故障：燃油供应、点火开关、供气装置、发动机冷却、发动机机构。

9. 故障码P0304分析（三）

（1）故障描述　4缸失火。熄火，4缸已识别。该诊断监控做功冲程的持续时间并通过分析转速信号将此持续时间与其他气缸相比较。

（2）故障生成原理　如果曲轴在相应气缸的做功冲程期间相对于其他气缸延时，则识别到故障。

（3）故障识别条件　控制单元电压：9～16V。总线端KL.15接通。
①温度条件：冷却液温度高于-7.5℃。
②时间条件：无。
③其他条件：发动机运转。

（4）故障存储条件和显示
①该故障存在时间超过200圈曲轴转动时间。
②该故障存在时间超过4000圈曲轴转动时间并在第一个1000圈曲轴转动结束后仍存在。
③在发动机启动后曲轴转动1000圈之后故障仍然存在。

（5）故障处理措施　检查是否记录有关于下列部件/功能的故障，如有则应首先排除这些故障：点火开关、燃油供应、供气、发动机机构。

10. 失火故障简表

常见的失火原因包括燃料质量不良、积炭、机油黏度高、射频干扰（音响、无线电通信设备等）、EGR阀卡在开启位置、点火系统不良、燃料供给不良、发动机机械等问题。表4-4为失火可能的故障原因分析简表。

表4-4　失火可能的故障原因分析简表

故障形态	可能的故障部件	可能的故障原因	失火形态
点火不良	火花塞	点火不良	一个气缸连续/不连续
	高压接线	断线/短路	一个气缸连续/不连续
	分电器	断线/短路	多个气缸连续/不连续
	点火线圈	断线	由于2次电压暂时没有产生，而使多个气缸连续/不连续
	直接点火	断线/短路	一个气缸连续/不连续
	蓄电池	电压下降	由于通电时间不足，而使多个气缸连续/不连续
	相关传感器（如IAT、ECT）	特性异常/断线/短路	由于点火时间、通电时间不良，而使多个气缸连续/不连续

续表

故障形态	可能的故障部件	可能的故障原因	失火形态
燃烧室相关的异常	燃烧室、气门座	由于磨损、积炭而造成漏气	由于压缩比降低，而使一个气缸连续/不连续
	活塞环	由于磨损、破损而造成漏气	由于压缩比降低，而使一个气缸连续/不连续
蒸发燃油过多吸入空气量过少	压力调节器	压力过高	由于喷射燃料过多，造成多个气缸连续/不连续
	各种传感器（IAT，ECT，NEPB）	燃料增加特性偏差	
	氧传感器	断线/短路	
	喷油嘴	流量增大	由于喷射燃料过多，造成一个气缸连续/不连续
	喷油嘴连接线	与PCM信号LINE间的接地短路	由于不停地喷射燃料，造成一个气缸连续/不连续
	阀间隙	间隙大小	由于气缸吸入空气量减少，造成一个气缸连续/不连续
	同步传送带	错位	由于阀门正时偏差，造成多个气缸连续/不连续
	EGR系统	EGR量增大	由于不燃气体增加导致燃料过多，造成多个气缸连续/不连续
	燃料	混入汽油以外的燃料	由于汽油以外的燃料未参与燃烧，造成多个气缸连续/不连续
	排气系统	破损	由于外部气体吸入造成浓度低，燃料增加造成多个气缸连续/不连续
燃料过少/吸入空气量过多	压力调节器	压力降低	由于喷射燃料减少，造成多个气缸连续/不连续
	相关传感器（IAT，ECT，PB）	断线/短路	
	喷油嘴	流量降低	由于喷射燃料减少，造成一个气缸连续/不连续
	喷油嘴连接线	断线/短路	由于没有喷射，造成一个气缸连续/不连续
	阀间隙	间隙大小	由于气缸吸入空气量增加，造成一个气缸连续/不连续
	同步传送带	偏差	由于阀门正时偏差，造成多个气缸连续/不连续
	燃油问题	混入汽油以外的燃料	由于汽油以外的燃料未参与燃烧，造成多个气缸连续/不连续
	燃油管	堵塞	由于喷射燃料减少，造成一个气缸连续/不连续

第五章 燃油系统监控及诊断

第一节 燃油计量监测

一、燃油计量说明

对于排放气体，三元催化器的净化率最适合的空燃比为14.7∶1，发动机控制单元就是用来控制喷油嘴的喷射量使空燃比保持在14.7∶1，我们将这个空燃比称为反馈补偿，并将这个空燃比称为理论空燃比。但是，在燃油系统或点火系统发生故障时，PCM就不能控制空燃比，从而导致喷射恶化。当预测出喷射异常恶化到所定值，就可以判定为故障，从而进行故障码储存和发动机故障灯点灯，我们将此故障检测称为燃油计量。三元催化器净化示意图见图5-1。

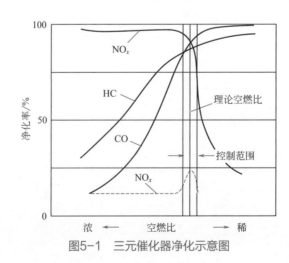

图5-1 三元催化器净化示意图

二、燃油计量监测原理

1. 短期燃油修正

根据各种传感器的信息，PCM决定基本燃料的喷射量后再喷射燃料。此时是用前氧传感器与后氧传感器来检测空燃比，并通过PCM来计算出燃料的补偿系数。这个补偿系数即是短期燃油修正。

因此短期燃油修正是时时刻刻都在变动的，是一种空燃比调节功能。因为氧传感器不能指示实际空燃比，而是指示浓于或稀于理论比的状态，因此短期燃油修正程序必须不断修正燃料的浓稀，使氧传感器的浓稀信号处于理论比附近。PCM调节空燃比，使短期燃料修正值在0附近摆动。例如，当氧传感器显示先前的燃烧导致稀于理论比时，PCM增加喷油器脉宽。增加喷油器脉宽使喷油器开启时间延长，直到氧传感器切换到显示浓于理论比。当氧传感器显示浓于理论比时，PCM减小喷油器脉宽。减小喷油器脉宽导致喷油器开启时间缩短，直到氧传感器切换为显示稀于理论比，如此反复。

2. 长期燃油修正

将短期燃油修正进行平均化处理的数值，就称为长期燃油修正，是一种自适应燃油策略的空燃比条件功能。长期燃油修正方案既用于开环也用于闭环。监测长期燃油修正，当补偿系数超过临界值时发动机故障灯就会亮。

3. 基本原理

在正常的情况下，要通过控制达到理论空燃比，在两个临界值之间存在长期燃油修正。但是，如果发生了浓度偏低故障时，长期燃油修正的补偿系数就会在"+"侧的临界值之上，并且使故障灯亮。相反，如果发生浓度偏高故障时，长期燃油修正的补偿系数就会在"-"侧的临界值之下，并且使发动机故障灯亮。图5-2为燃油监测基本原理示意图。

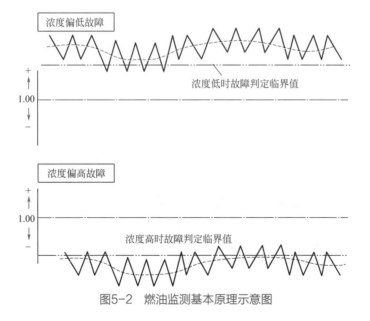

图5-2　燃油监测基本原理示意图

维修提示

简单地讲，燃油系统监控的基本原理就是空燃比的变化利用短期和长期燃油修正值来监控。如果这些燃油反馈值的总和超出规定范围一段时间，则判断为燃油喷射系统故障并设置故障码。

与空燃比控制相关的所有原因基本上都会对故障形态产生影响。对于有可能是多种故障被检测出来的不良，要遵循检测的优先顺序以及诊断试验实施顺序，因为用何种检测方法来检测是有差异的。例如，导致失火的空燃比发生骤变的时候，会比燃油计量先检测出失火状态，从而停止燃料计量的检测。另一方面，慢慢地发生空燃比偏差（劣化等）的情况下，则先进行燃油计量异常的检测。

第二节 燃油蒸发系统监测

一、燃油蒸发系统概述

1. 燃油蒸发系统（燃油箱通风系统）作用

燃油蒸发系统（EVAP）用于收集燃油箱中的燃油蒸气，然后将这些燃油蒸气送入发动机气缸中进行燃烧，防止碳氢化合物挥发到周围环境中。因为该系统如果存在泄漏，都将导致产生HC排放超标，所以要求OBD系统对EVAP的工作情况进行监测。

2. 工作过程

燃油蒸发系统活性炭罐收集并储存油箱内形成的燃油蒸气，在发动机工作时通过控制电磁阀将燃油蒸气导入进气歧管参与发动机工作。燃油蒸发系统见图5-3。

二、燃油蒸发系统监测原理

OBD系统中，在发动机运行过程中监控活性炭罐电磁阀和其他相关联的传感器和执行器的检测。当燃油蒸发系统工作时，一部分汽化的汽油将通过活性炭罐被送入到进气歧管，无疑是加浓了混合气。如果燃油箱燃油耗尽时，就会稀释混合气。燃油-空气混合气的改变可以通过氧传感器来检测，因此也可以作为一个重要的检测尺度来检测燃油蒸发系统。

当燃油蒸发系统正常时，伴随着活性炭罐电磁阀的开启，混合气会被加浓，氧传感器的电压就会上升；当燃油蒸发系统不正常时，尽管活性炭罐电磁阀开启，混合气也不会被加浓，氧传感器的电压就不受燃油蒸发系统的影响。

Chapter 05 第五章 燃油系统监控及诊断

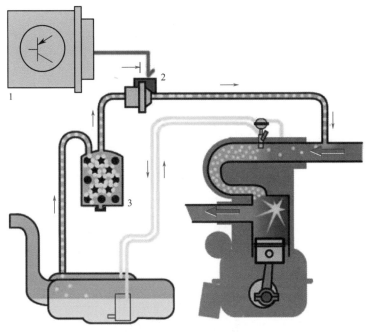

图5-3 燃油蒸发系统（参见附录彩图）
1—发动机控制单元；2—电磁阀；3—活性炭罐

维修图解

OBD系统通过前氧传感器对油箱通风系统进行功能检测。电磁阀的工作会导致空燃比发生变化，此时氧传感器输出的电压必须变化，对应的λ值也发生变化。燃油蒸发系统监测原理见图5-4、图5-5。

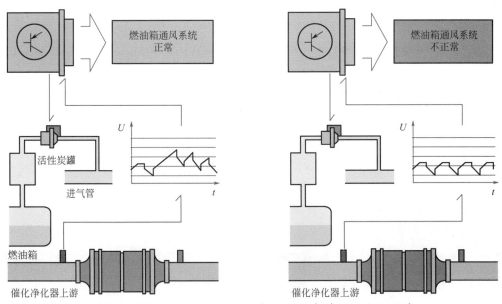

图5-4 燃油蒸发系统监测原理（流量监测）（参见附录彩图）

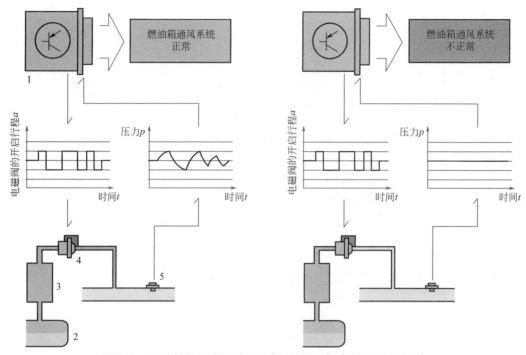

图5-5 燃油蒸发系统监测原理（调节监测）（参见附录彩图）
1—发动机控制单元；2—燃油箱；3—活性炭罐；4—电磁阀；5—进气管

三、真空自然泄漏检测装置

1. 说明

真空自然泄漏检测装置（宝马称NVLD）是一种用于燃油蒸发系统的被动诊断系统。NVLD需要发动机关闭较长时间，以便识别泄漏，因此无法快速测试是否泄漏。根据环境条件，诊断时间通常在发动机关闭6~12h之间。

2. 功能概述

标准型中安装了2个分开的部件。NVLD包括温度传感器和压力开关。温度传感器与所属的电子装置一起固定在燃油箱附近。压力开关连接在带温度传感器的电子装置上。压力开关位于活性炭过滤器壳体上。通过NVLD识别燃油蒸发系统内的泄漏。这意味着，温度降低时燃油箱内产生真空。NVLD通过一个温度传感器测量温度。NVLD通过一个压力开关确定真空度，开关则通过膜片来操纵。从相对环境压力达到某一真空度起，这个膜片接通压力开关。

维修图解

燃油箱泄漏诊断在关闭发动机后静止状态下进行。通过温度差（例如日间与夜间之间的温度差）来冷却燃油箱内的燃油。燃油箱内产生真空。如果不存在泄漏，则会保持真空，压力开关关闭，系统将燃油蒸发系统识别为密封。燃油箱通风系统装置见图5-6。真空自然泄漏检测装置见图5-7。

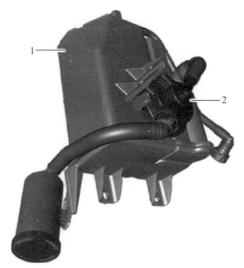

图5-6　燃油箱通风系统装置

1—活性炭过滤器（活性炭罐）；2—压力开关

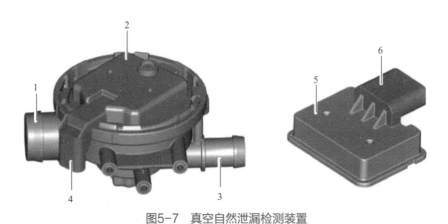

图5-7　真空自然泄漏检测装置

1—至新鲜空气滤清器；2—压力开关；3—至活性炭过滤器（活性炭罐）；
4—连接器；5—带温度传感器的电子装置；6—5芯插头连接器

3．结构及内部电路

维修图解

发动机控制系统通过数据导线与温度传感器连接，以便进行通信。系统通过总线端KL.30F为带温度传感器的电子装置供电。内部电路见图5-8。

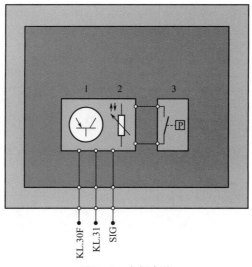

图5-8 内部电路

1—电子控制单元；2—温度传感器；3—压力开关；

KL.30F—关闭总线端KL.30F出现故障，通过接线盒中的配电器供电；

KL.31—总线端KL.31；SIG—信号线，至发动机控制系统的真空自然泄漏检测

4. 工作参数

表5-1为真空自然泄漏检测装置电气参数。

表5-1 真空自然泄漏检测装置电气参数

项目/状态/工况	参数
电压范围	8～16V
最大电流消耗	50mA
转换压力（关闭压力开关）	2.5（+0.3 或 -1.0）mbar
温度范围	-40～120℃

5. 诊断提示

在考虑启动条件（诊断条件）的情况下，NVLD识别压力开关的位置（关闭或打开状态）。下次启动发动机时，发动机控制系统查询所确定的状态。

6. 失效反应

压力开关失灵时，预计将出现以下情况。

① 发动机控制单元中记录故障。

② 组合仪表中发动机故障灯亮起。

7. 压力开关

① 压力开关结构及内部连接电路。

维修图解

压力开关（图5-9）在自然真空泄漏检测装置（NVLD）上通过一个3芯插头相连。

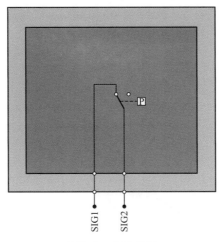

图5-9 压力开关

SIG1—压力开关信号已关闭；SIG2—压力开关信号已打开

② 标准参数。表5-2为压力开关参数。

表5-2 压力开关参数

项目/状态/工况	参数
转换压力（关闭）	1.9mbar
温度范围	-40～120℃

四、燃油箱泄漏诊断模块

1. 说明

OBD系统中，没有对燃油箱泄漏诊断模块进行强制要求，是根据国家而定的，有些国家必须强制配置（美国、加拿大、韩国法规要求装配）。

利用燃油箱泄漏诊断，可确定燃油箱排气系统的密封性。

燃油箱泄漏诊断能够区分：大于1mm的少量泄漏；0.5～1mm的微量泄漏。

2. 功能概述

燃油箱泄漏诊断模块位于活性炭过滤器上，见图5-10、图5-11。

燃油箱排气系统的密封性检测在完成了行驶周期后并在发动机停下后进行。这时，将在发动机控制系统的滞后时间内，运行不同的程序。

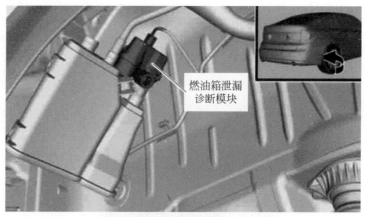

图5-10 燃油箱通风系统（宝马528燃油箱泄漏诊断模块位置）

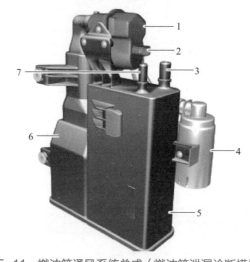

图5-11 燃油箱通风系统总成（燃油箱泄漏诊断模块）
1—燃油箱泄漏诊断模块；2—4芯插头连接；3—燃油箱排气管接头；4—滤尘器；
5—活性炭过滤器；6—吹洗空气管路接头；7—气管接口

在OBD系统范围内所进行的燃油箱泄漏诊断是根据过压试验法进行的。燃油箱泄漏诊断将显示直径大于0.5mm和1mm的泄漏。在诊断过程中，油箱排气阀将关闭与进气管的连接。开始诊断时，泄漏诊断泵将通过一个规定的、0.5mm直径的泄漏点进行泵送。为此所需的耗电被作为内部基准值存储。然后将进行真正的燃油箱泄漏诊断，泄漏诊断泵将空气泵送入燃油箱排气系统，同时将连续测量所消耗的电流。通过实际消耗的电流和所存储的参考电流间的比较，可确认泄漏的类型（少量泄漏、微量泄漏）。

3. 结构及内部电路

维修图解

燃油箱泄漏诊断模块由一台电气驱动的过压泵（泄漏诊断泵）以及一个电磁转换阀和一个基准孔构成。此外，在DMTL中还整合了一个加热元件，以消除可能存在的冷凝水。

其内部电路见图5-12。

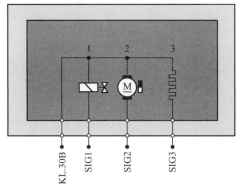

图5-12 内部电路

1—转换阀；2—泄漏诊断泵驱动装置；3—DMTL加热装置；
KL.30B—总线端-30B，电源电压；SIG1—转换阀控制；SIG2—泄漏诊断泵控制；SIG3—加热装置控制

4. 特性及参数

燃油箱泄漏诊断可在以下条件下启动。

① 发动机关闭：发动机控制处于滞后运行中（15s等候时间）。

② 冷机启动：冷却液温度低于环境温度加6.8℃。

③ 当前行车的持续时间：大于10min，累计超过40km/h。

④ 燃油箱油位：1/4～3/4之间。

⑤ 环境温度：1.5～38℃之间。

⑥ 海拔高度：小于2400m。

⑦ 活性炭过滤器加注量：小于极限值（几乎充满）。

⑧ 蓄电池电压：10.9～14.5V之间。

活性炭过滤器的加注率在前一个行驶周期进行测定。

少量泄漏诊断将在满足了启动条件后并在每个行驶周期后（在发动机停下后）进行。

微量泄漏诊断在每两次满足启动条件后进行（在发动机停下后）。

图5-13为特性图，燃油箱泄漏诊断模块参数见表5-3。

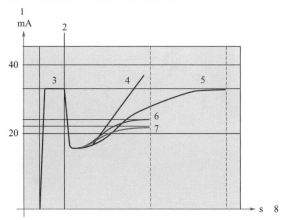

图5-13 特性图

1—泄漏诊断泵耗电；2—转换阀控制；3—基准泄漏阶段（0.5mm）；4—系统密封；5—微量泄漏（0.5～1mm）；
6—大于1mm的少量泄漏；7—检测，燃油箱盖打开，泄漏大于1.5mm；8—控制时间（最多600s）

表5-3 燃油箱泄漏诊断模块参数

项目/状态/工况	参数
泄漏诊断泵工作压力	约30MPa
泄漏诊断泵在额定电压下的耗电	15～40mA
泄漏诊断泵电阻	118Ω
加热元件耗电	约0.3A
加热元件额定电压	14V
温度范围	-40～80℃

五、燃油箱单向阀

1. 说明

只能在发动机运转时冲洗活性炭过滤器。因为，如果在混合动力汽车运行时，会有更频繁的发动机不运转阶段，所以调整燃油箱排气管。此时，燃油箱排气管已补充一个燃油箱单向阀和附加的活性炭过滤器。宝马5系F07美规版就是这样安装了燃油箱单向阀。

2. 功能概述

通过燃油箱单向阀避免燃油蒸气在通过发动机冲洗的过程中从燃油箱中进入活性炭过滤器中，从而提高通过发动机冲洗的效率，因为活性炭过滤器只能使用新鲜空气冲洗，从而排除在冲洗过程中通过被动抽吸燃油箱造成的电动影响。燃油箱排气阀的调校阶段更短，因此，可以提高吹洗空气的流量。燃油通风系统见图5-14。

图5-14 燃油通风系统（燃油箱单向阀位置）
1—燃油箱单向阀；2—活性炭过滤器；3—燃油箱泄漏诊断（自然真空检漏NVLD）；
4—附加的活性炭过滤器；5—2芯插头连接

燃油箱单向阀关闭时既不能给燃油箱通风也不能排气。由于温度变化，单向阀关闭时内部压力会波动。燃油箱压力传感器的信号用作调节参数，控制燃油箱单向阀。

3. 结构及内部电路

维修图解

燃油箱单向阀是一个电磁阀。在断电状态下，燃油箱单向阀呈打开状态。燃油箱单向阀由发动机控制系统控制。燃油箱单向阀由总线端30B供电。图5-15为燃油箱单向阀内部电路。

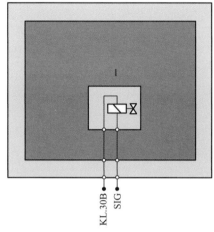

图5-15　燃油箱单向阀内部电路

1—燃油箱单向阀；KL.30B—总线端30B，电源电压；SIG—控制燃油箱单向阀

4. 燃油箱单向阀参数

表5-4为燃油箱单向阀参数。

表5-4　燃油箱单向阀参数

项目/状态/工况	参数
电压范围	8.5～16V
脉冲负载参数	0～100%
频率范围	0～30Hz
电流消耗	1A
温度范围	-30～85℃

5. 失效影响

燃油箱单向阀失灵时：
① 在发动机控制单元中记录故障代码；
② 发动机故障灯（排放警示灯）亮起。

第三节　燃油系统故障码分析

一、燃油系统控制电路说明

当发动机控制模块（发动机控制单元）检测到点火开关置于ON位置时，向燃油泵控制模块提供一个高电压信号。从发动机控制模块到燃油泵控制模块的高电压信号保持启动并持续2s，除非发动机启动或运行。当接收到该信号时，燃油泵控制模块闭合燃油泵的搭铁开关，并且向燃油箱泵模块提供可变电压以保持期望的燃油分配管压力。

燃油系统采用电子无回路请求式设计。无回路燃油系统不使热燃油从发动机返回至燃油箱，以降低燃油箱的内部温度。燃油箱内部温度的降低导致较低的蒸发排放。燃油箱储存燃油。电涡轮型燃油泵连接至燃油箱内的燃油泵模块。燃油泵通过燃油滤清器和燃油供油管路向高压燃油泵提供燃油。燃油泵也向位于燃油泵模块底部的文丘里泵提供燃油。文丘里泵的功能是填充燃油泵模块储液罐。燃油泵模块包括一个逆流单向阀。单向阀保持燃油供油管中的燃油压力，以防止启动时间过长。

二、燃油调节故障码分析

1. 故障码P0171分析

（1）故障描述　燃油调节系统过稀。故障码P0171，B类故障诊断码。

（2）故障原因　燃油过少，吸入空气量过多，点火不良等原因。如燃油压力下降、喷油器泄漏、燃油压力调节器泄漏、油气回收系统卡滞或堵塞；空气流量传感器后方漏气、真空泄漏、PCV系统堵塞或泄漏等都会造成燃油调节系统故障。

（3）故障生成原理　发动机控制模块控制空气/燃油计量系统，以提供一个动力性、燃油经济性和排放控制的最佳可能组合。在开环和闭环中，控制供油的方式不同。在开环时，发动机控制模块在没有氧传感器输入的情况下，以各传感器信号为基础确定供油。

在闭环时，发动机控制模块加入加热型氧传感器输入信号和吹洗信号值以计算短期和长期燃油调节值。如果加热型氧传感器指示混合气偏稀情况，则燃油调节值将高于0。如果加热型氧传感器指示混合气偏浓情况，则燃油调节值将低于0。短期燃油调节值迅速变化，以响应加热型氧传感器的电压信号。长期燃油调节做粗略调整，以保持空燃比为14.7∶1。一个单元组包含发动机转速和发动机负载的组合信息，覆盖车辆工况的全范围。长期燃油调节诊断基于当前正在使用的单元的平均值。发动机控制模块根据发动机转速和发动机负荷选择所需的单元。燃油调节诊断将进行测试，以确定是否真正存在过浓故障，或者是否因来自蒸发排放炭罐的蒸气过多，导致了过浓状况。如果发动机控制模块检测到过稀故障，将设置故障码P0171。

（4）故障识别条件
① 发动机处于闭环状态。
② 发动机冷却液温度在-7～+120℃之间。
③ 进气温度在-7～+145℃之间。
④ 进气歧管绝对压力在15～100kPa之间。
⑤ 车速小于132km/h。
⑥ 发动机转速在400～6100r/min之间。
⑦ 燃油油位超过10%。

（5）故障存储条件和显示　满足上述（4）中条件时，这些故障诊断码将持续运行，约3min，长期燃油调节权重平均值大于或小于标定值，储存故障码。

2. 故障码P0172分析

（1）故障描述　燃油调节系统过浓。故障码P0172，B类故障诊断码。
（2）故障原因
① 空气流量（MAF）传感器故障。
② 真空软管开裂、扭结和连接不正确。
③ 进气管塌陷或堵塞。
④ 空气滤清器过脏或堵塞。
⑤ 异物堵塞节气门体。
⑥ 由于喷油器的泄漏致使曲轴箱中燃油过多。
⑦ 蒸发排放控制系统工作异常。
⑧ 燃油压力过高。
⑨ 喷油器故障。
⑩ 燃油污染。
⑪ 氧传感器电气线束或连接器可能与排气系统接触。
⑫ 氧传感器信号电路对电压短路。

（3）故障生成原理　在上述故障码P0171分析的故障生成原理中，如果发动机控制模块检测到过浓故障，将设置故障码P0172。
（4）故障识别条件
① 发动机处于闭环状态。
② 发动机冷却液温度在-7～+120℃之间。
③ 进气温度在-7～+145℃之间。
④ 进气歧管绝对压力在15～100kPa之间。
⑤ 车速小于132km/h。
⑥ 发动机转速在400～6100r/min之间。
⑦ 燃油油位超过10%。

（5）故障存储条件和显示
满足上述（4）中条件时，这些故障诊断码将持续运行，约3min，长期燃油调节权重平均值大于或小于标定值，储存故障码。

三、燃油分配管压力传感器故障码分析

1. 故障码P0192分析

（1）故障描述　燃油分配管压力传感器电路电压过低。

（2）故障生成原理　燃油分配管压力传感器检测燃油分配管中的燃油压力。发动机控制模块向参考电压电路提供5V参考电压，并向参考搭铁电路提供搭铁。发动机控制模块在信号电路上接收到变化的电压信号。发动机控制模块监测燃油分配管压力传感器电路上的电压。当燃油压力变高时，信号电压变高。当燃油压力变低时，信号电压变低。

（3）故障识别条件

① 点火开关已接通或发动机正在运行。

② 在启用条件下，该故障诊断码将持续运行。

发动机控制模块检测到信号电路电压低于0.3V并持续1s。

2. 故障码P0193分析

（1）故障描述　燃油分配管压力传感器电路电压过高。

（2）故障生成原理　燃油分配管压力传感器检测燃油分配管中的燃油压力。发动机控制模块向参考电压电路提供5V参考电压，并向参考搭铁电路提供搭铁。发动机控制模块在信号电路上接收到变化的电压信号。发动机控制模块监测燃油分配管压力传感器电路上的电压。当燃油压力变高时，信号电压变高。当燃油压力变低时，信号电压变低。

多路线束连接器上的接触不良、端子接触不当或端子保持不当也可能设置故障码P0193。

（3）故障识别条件

① 点火开关已接通或发动机正在运行。

② 在启用条件下，该故障诊断码将持续运行。

发动机控制模块检测到信号电路电压高于4.7V并持续1s。

四、喷油器故障说明

1. 喷油器诊断说明

控制模块对每个气缸启用相应的喷油器脉冲，向喷油器提供点火电压。控制模块通过被称为驱动器的固态装置使控制电路搭铁，以控制各喷油器。控制模块监测各驱动器的状态。如果控制模块检测到对应于驱动器指令状态的电压不正确，则设置一个喷油器控制电路故障诊断码。

2. 故障生成原理

发动机控制模块向喷油器高电压电路上的每个喷油器提供电压。发动机控制模块通过使喷油器的高电压控制电路搭铁，给每一个喷油器通电。发动机控制模块监视喷油器高

电压电源电路和喷油器高电压控制电路的状态。当发动机控制模块检测到喷油器电路故障时，相应的喷油器将被停用。

五、燃油泵继电器控制电路故障码

1. 故障描述

故障码P0230：燃油泵继电器控制电路。

2. 故障生成原理

当点火开关置于ON位置时，控制模块使燃油泵继电器通电。除非控制模块检测到点火参考脉冲，否则在2s内，控制模块将使燃油泵继电器断电。只要检测到点火参考脉冲，控制模块将使燃油泵继电器继续通电。如果检测到点火参考脉冲中断且点火开关保持在ON位置，控制模块将在2s内使燃油泵继电器断电。控制模块监测燃油泵继电器控制电路上的电压。如果控制模块检测到燃油泵继电器控制电路的电压不正确，则设置燃油泵继电器控制故障诊断码。

3. 故障识别条件

① 点火开关置于ON位置。
② 点火电压在11～18V之间。
满足上述条件时，该故障诊断码将持续运行。
③ 控制模块检测到驱动器的指令状态与控制电路的实际状态不一致。
④ 满足上述条件至少2.5s。

六、故障码诊断实例

1. 故障码P0171诊断（一）

（1）故障描述　主诊断检测调校极限和调校极限的极限位置。调校极限由相关的换挡特性线规定，但诊断不考虑调节器和故障描述油箱通风装置的评价。

燃油系统诊断还通过监测λ调节器的两个辅助功能工作。这两个功能不仅在调校阶段而且还在油箱通风阶段是激活的，因为这是官方机构的要求［CARB（加利福尼亚空气资源理事会）］。

如果在40s内超过最大调校极限（25%～30%），即识别到故障——气缸列1。
（2）故障原因　混合气太稀。
① 进气集气箱：HFM故障；进气区域漏气。
② 废气区域集气箱：废气系统泄漏；有一个废气催化转换器完全关闭。
③ 燃料箱：喷射阀损坏（机械式）；高压系统损坏（泵或传感器）。
（3）故障识别条件　总线端KL.15接通。
① 电压条件：车载网络电压＞10V。

② 温度条件：环境温度＞-10℃。
③ 时间条件：无。
④ 其他条件：发动机运转；调校激活。
（4）故障存储条件和显示　极限位置λ（空燃比）调节器10s；40s后定时器复位正常。
（5）故障处理措施
① 目检所涉部件。
② 查明并排除泄漏。
③ 检查HFM插头接点和电线。
④ 更换HFM。
⑤ 废气催化转换器熔化（通过传感器套管目检）。
⑥ 检查燃油高压。
⑦ 检查高压传感器接点和电线。
⑧ 更换高压传感器。
⑨ 更换高压泵。

2. 故障码P0171诊断（二）

（1）故障描述　诊断系统监控空燃比控制。混合物过稀并且通过空燃比控制进行加浓。
（2）故障原因　如果必须加浓30%以上的时间超过30s，将识别到故障。
（3）故障识别条件　控制单元电压：9～16V。总线端KL.15接通。PWF状态：PAD。
① 温度条件：无。
② 时间条件：无。
③ 其他条件：发动机运转；油箱排气装置未激活。
提示：总线端状态或PWF状态的名称分别根据车辆的车载网络适用。
（4）故障存储条件和显示　如果故障存在时间超过30s，则会记录该故障。
（5）故障处理措施
① 如果以下组件有其他故障记录，则首先排除这些故障：废气催化转换器前氧传感器；热膜式空气质量计；进气压力传感器；进气温度传感器；凸轮轴传感器；燃油高压系统；燃油低压系统；电子气门控制系统调节单元；VANOS调整装置；传感器/执行机构5V供电。
② 检查进气系统的密封性，其中还需要检查曲轴箱通风装置、油箱盖、燃油箱排气系统；检查排气装置是否有泄漏；排除较差燃油等级；更换喷油嘴，然后复位调校。

3. 故障码P0172诊断（一）

（1）故障描述　诊断系统监控混合气调节器和混合气转换器的总和；最小极限列1。如果混合气修正（调节器+调校）-20%超过68s，则出现故障。气缸列1。
（2）故障原因
① 气路：HFM故障；进气部分泄漏。
② 排气部分泄漏：排气装置泄漏；废气催化转换器完全关闭。
③ 燃油路径：损坏的喷射阀（机械式）。
（3）故障识别条件　总线端KL.15接通。

① 电压条件：车载网络电压＞10V。
② 温度条件：环境温度＞-10℃。
③ 时间条件：无。
④ 其他条件：发动机运转；调校激活。
（4）故障存储条件和显示　极限位置空燃比调节器8s；40s后定时器重置故障排除。
（5）故障处理措施
① 目检所涉部件。
② 查明并排除泄漏。
③ 检查HFM插接触点和电线。
④ 更换HFM。
⑤ 通过传感器接头进行目检熔化的废气催化转换器。

4. 故障码P0172诊断（二）

（1）故障描述　诊断系统监控空燃比控制。气油混合气过稀并且氧传感进行加浓。
（2）故障原因　如果超过30s必须加浓30%以上，将识别为故障。
（3）故障识别条件　总线端KL.15接通。
① 电压条件：供电电压介于9~16V之间。
② 温度条件：无。
③ 时间条件：无。
④ 其他条件：发动机打开；油箱排气装置未激活。
（4）故障存储条件和显示　如果出现故障的时间超过30s，则记录之。
（5）故障处理措施
① 如果以下组件有其他故障记录，则首先排除这些故障：废气催化转换器前氧传感器；热膜式空气质量计；进气管压力传感器；进气温度传感器；凸轮轴传感器；燃油高压系统；燃油低压系统。
② 检查排气装置是否有泄漏。
③ 更换喷射装置。

5. 故障码P0172诊断（三）

（1）故障描述　该诊断监控空燃比控制。故障未激活。
（2）故障识别条件
① 电压条件：车载网络电压＞10V。
② 温度条件：环境温度＞-10℃。
③ 时间条件：无。
④ 其他条件：发动机运转。
（3）故障存储条件和显示　如果满足规定的条件，某个时间间隔未能规定，则记录该故障。
（4）故障处理措施
① 目检相关部件。
② 更换进气管路压力传感器。
③ 检查进气管路压力传感器的插头触点和电线。

④ 通过氧传感器管接头目检一个气缸列的废气催化转换器是否熔断。

6. 故障码P0192诊断

（1）故障描述　本诊断将监控油轨压力传感器。

（2）故障原因　如果存在对地短路，则识别为故障。

（3）故障识别条件　控制单元电压：9～16V。总线端15接通。

① 温度条件：无。

② 时间条件：无。

③ 其他条件：无。

（4）故障存储条件和显示　该故障将在10s内记录。

（5）故障处理措施

① 检测下列部件之间的导线和插头连接：DME；油轨压力传感器。

② 更换油轨压力传感器。

7. 故障码P0193诊断

（1）故障描述　本诊断将监控油轨压力传感器。

（2）故障原因　如果存在对正极短路，则识别为故障。

（3）故障识别条件　控制单元电压：9～16V。总线端KL.15接通。

① 温度条件：无。

② 时间条件：无。

③ 其他条件：无。

（4）故障存储条件和显示　该故障将在10s内记录。

（5）故障处理措施

① 检查是否记录有关于下列部件/功能的故障，如有则应首先排除这些故障：5V传感器电源2监控；5V传感器电源3监控。

② 检测下列部件之间的导线和插头连接：DME；油轨压力传感器。

③ 更换油轨压力传感器。

8. 故障码P0201诊断

（1）故障描述　此诊断监控喷油嘴的电气控制。

（2）故障原因

① DME和喷油嘴1之间的电线束损坏。

② 喷油嘴1损坏。

（3）故障生成原理　如果喷油嘴电压＞210V并且喷油嘴上的电荷＜300A·s，则识别到该故障。

（4）故障识别条件

① 电压条件：车载网络电压＞10V。

② 温度条件：冷却液温度＞-20℃。

③ 时间条件：无。

④ 其他条件：无。

（5）故障存储条件和显示　无。

（6）故障处理措施

① 检测发动机控制单元和喷油嘴1之间的电线束。

② 检查喷油嘴1，测量喷油嘴针脚之间的电阻［额定值：(200±10)kΩ］，如果没有达到额定值，则更换喷油嘴。

9. 故障码P0202诊断

（1）故障描述　此诊断监控喷油嘴的电气控制。如果喷油嘴电压＞210V并且喷油嘴上的电荷＜300μA·s，则识别到该故障。

（2）故障原因

① DME和喷油嘴2之间的电线束损坏。

② 喷油嘴2损坏。

（3）故障识别条件

① 电压条件：车载网络电压＞10V。

② 温度条件：冷却液温度＞-20℃。

③ 时间条件：无。

④ 其他条件：发动机运转。

（4）故障存储条件和显示　立刻记录故障。

（5）故障处理措施

① 检测DME和喷油嘴2之间的电线束。

② 检测喷油嘴2，在喷油嘴的针脚之间测量电阻［标准值：(200±10)kΩ］，如果达不到标准值，则更换喷油嘴。

10. 故障码P0203诊断

（1）故障描述　此诊断监控喷油嘴的电气控制。如果喷油嘴电压＞210V并且喷油嘴上的电荷＜300μA·s，则识别到该故障。

（2）故障原因

① DME和喷油嘴3之间的电线束损坏。

② 喷油嘴3损坏。

（3）故障识别条件

① 电压条件：车载网络电压＞10V。

② 温度条件：冷却液温度＞-20℃。

③ 时间条件：无。

④ 其他条件：发动机运转。

（4）故障存储条件和显示　立刻记录故障。

（5）故障处理措施

① 检测发动机控制单元和喷油嘴3之间的电线束。

② 检测喷油嘴3，在喷油嘴的针脚之间测量电阻［标准值：(200±10)kΩ］，如果达不到标准值，则更换喷油嘴。

11. 故障码P0204诊断

（1）故障描述　此诊断监控喷油嘴的电气控制。如果喷油嘴电压＞210V并且喷油嘴上的电荷＜300μA·s，则识别到该故障。

（2）故障原因

① DME和喷油嘴4之间的电线束损坏。

② 喷油嘴4损坏。

（3）故障识别条件

① 电压条件：车载网络电压＞10V。

② 温度条件：冷却液温度＞-20℃。

③ 时间条件：无。

④ 其他条件：发动机运转。

（4）故障存储条件和显示　立刻记录故障。

（5）故障处理措施

① 检测发动机控制单元和喷油嘴4之间的电线束。

② 检测喷油嘴4，在喷油嘴的针脚之间测量电阻［标准值：(200±10)kΩ］，如果达不到标准值，则更换喷油嘴。

第六章 废气再循环系统监控及诊断

第一节 废气再循环系统监测

一、废气再循环系统

废气再循环（EGR）系统是根据运转状况，将一部分燃烧后的废气气体从排气口通过输入歧管循环到燃烧室的装置。通过对废气进行循环，降低燃烧温度，减少NO_x，并且通过再次吸入废气中的未燃烧气体，可以降低燃料消耗率。

EGR系统并非在所有运转状况下都被使用，而是基本上以中负荷领域内的动作为主。比如空转这样的低负荷工况下，因为燃烧不稳定，所以EGR系统不工作。在高负荷领域时，为了防止节气门全开时的输出下降，EGR系统也不工作。根据车辆不同，有些发动机在节气门全开或高负荷领域也引进了空燃比反馈及EGR系统。

维修图解

废气再循环系统（图6-1）将控制阀和废气再循环阀整合在一起，内有指示废气再循环阀开度的电位计，由发动机控制单元直接控制。

OBD系统通过空气流量计监测废气再循环阀的开关状态，当废气再循环阀打开时，发动机控制单元必须接收到空气流量减少的信号。

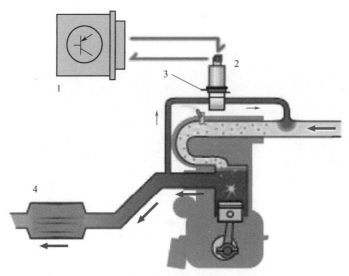

图6-1 废气再循环系统（参见附录彩图）

1—发动机控制单元；2—控制阀；3—废气再循环阀；4—催化转换器

二、废气再循环系统监测原理

OBD系统要求对废气再循环系统中可能导致过量排放的低流量或高流量进行监测。当EGR系统的零部件发生故障，或者由于EGR系统中流量的变化，导致汽车的尾气排放超标准1.5倍时，就可以认为EGR系统出现了故障。如果在车辆的两个行程中检测出故障，则要设置故障码。

EGR监测器持续监测差压反馈传感器与PCM的电路状态。当汽车加速并且排气背压增加时，PCM执行EGR信号压力软管检查，从而判断软管是否脱开、泄漏、堵塞或颠倒。这项检查在每个行驶循环只执行一次。在稳定的发动机转速与负荷状态下，PCM进行EGR流量检查，对差压反馈传感器信号与该模式下的EGR流量最小值进行比较，如果超过极限值，则判断EGR阀堵塞或EGR系统失效。在两个连续行驶循环中有一次未通过该项测试，则发动机故障灯点亮。

三、废气再循环阀

1. EGR阀

奥迪直喷2.0T发动机EGR阀发动机安装有外部废气再循环装置。它通过初级催化净化器上的一根连接管来抽取废气。由发动机ECU精确计算出的废气供应量经废气节流阀被抽入。废气节流阀的位置值由电位计来监控并用于计算废气量以及自诊断。导回到燃烧室的废气用于降低最高燃烧温度，从而减少氮氧化物的生成量。

废气再循环阀N18是一个模块，主要由一个节流阀和一个电动机组成。电动机带有废气再循环电位计G212，正极由ECU提供5V电压。废气再循环发生在分层充气模式／均质模式且转速不超过4000r/min的中等负荷状态。怠速时不会出现废气再循环。

2. EGR阀位置传感器

按照是否设置有反馈监测元件，废气再循环系统可以分为开环控制EGR系统和闭环控制EGR系统。闭环控制EGR系统与开环控制EGR系统相比，只是在EGR阀上增设了一个EGR阀位置传感器作为反馈信号，用以监测EGR阀开度大小，使EGR率保持在最佳值。

3. 宝马某车废气再循环阀（M57TU柴油发动机）

（1）安装位置　节气门直接固定在进气系统上，废气再循环阀集成在节气门体中。
（2）功能概述

维修图解

发动机控制单元通过一个按脉冲宽度调制的信号控制节气门，节气门调节器中的电子装置控制节气门的位置，集成的霍尔传感器监控节气门的位置，这样就不需要向发动机控制单元发送位置反馈信息。图6-2为废气再循环阀。

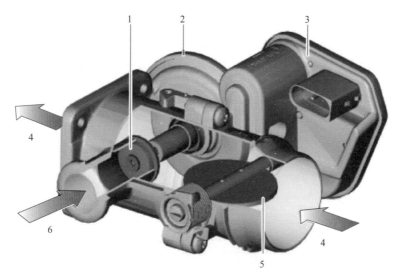

图6-2　废气再循环阀
1—废气再循环阀；2—测压计（真空度）；3—节气门调节器（带有电子装置和霍尔传感器的电动机）；
4—进气；5—节气门；6—通向废气再循环阀的废气

在节气门功能异常时，按脉冲宽度调制的信号持续0.5～2s（根据故障信息不同）接地。这样，发动机控制单元就识别出节气门故障。

节气门的另一个用途是减小"停机震动"。在发动机停机时，节气门首先完全关闭。延迟一段时间后，喷油量下降。通过在进气区域产生的真空，将"停机震动"降低到最小程度。

第二节 废气再循环系统诊断

一、EGR功能关闭故障码分析

1. 故障描述

故障码P0400：EGR功能故障；监测到EGR系统泄漏，废气再循环流量关闭。

2. 故障诊断测试条件

① 启动发动机。无负载（在P或N位置）时，将发动机转速保持为3000r/min，直至散热器风扇运转，然后使其怠速。
② 发动机冷却液温度（ECT传感器）高于70℃。
③ 车辆速度为40km/h持续5min或更长时间。

3. 故障生成原理

PCM使用EGR温度传感器测得的EGR温度来监控低流量故障，此传感器是一个装在EGR管路中的热敏电阻。

EGR温度传感器电压随着EGR温度上升而下降。电压范围为从很冷时的大约4.5V到很热时的大约0.1V。废气再循环系统见图6-3。

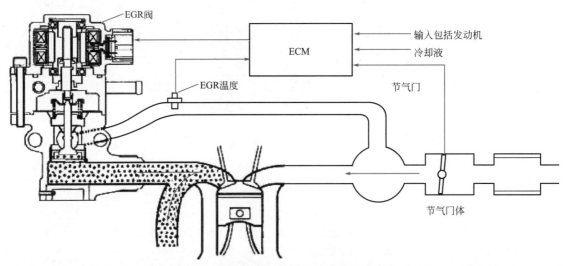

图6-3 废气再循环系统（步进电动机式）

如果EGR系统功能正常，EGR温度应该足够高（EGR温度传感器的典型电压小于大约0.5V）；如果EGR刚开始工作，EGR温度应该出现急剧上升。

对于EGR操纵，如果发动机运行状态正常，而EGR温度低于规定水平或者上升速度不够快，则PCM确定发生了低流量故障（EGR阀关闭）并且设置一个故障码P0400。

4. 故障可能的原因

① 检查EGR管是否松动或损坏。
② 检查EGR管和EGR阀之间废气是否泄漏。

二、EGR流量故障码分析

1. 故障码P0401

（1）故障描述　废气再循环系统流量不足。
（2）故障诊断测试条件
① 启动发动机。无负载（在P或N位置）时，将发动机转速保持为3000r/min，直至散热器风扇运转，然后使其怠速。
② 发动机冷却液温度（ECT传感器1）高于70℃。
③ 以88～120km/h之间的稳定速度至少行驶10s。
④ 行驶过程中，减速（节气门全关）5s。
（3）故障可能的原因
① 检查EGR阀和PCM是否连接不良或端子松动。
② 废气再循环阀（EGR阀）。
（4）故障诊断　如果是软管脱开或者堵塞那么就会导致废气再循环系统流量不足。每一次行驶循环中，PCM对差压反馈传感器上、下端的软管进行一次测试，检查有无脱开或堵塞。测试是在EGR阀关闭及汽车加速时进行的，PCM将暂时命令EGR阀关闭，同时检查差压反馈传感器信号是否正确，从而得到诊断和检查结果。

维修提示

并不是所有车型都使用故障码P0401。如不是基准信号软管脱开就不会显示该故障码，而很可能就会显示P1406故障码。

2. 故障码P0402

（1）故障描述　废气再循环（EGR）流量过大。EGR功能故障。
（2）故障生成原理　只要发动机处于怠速状态，PCM就对EGR阀进行持续测试，检查是否卡滞在开启位置。相关的故障码为P0402，内容为废气再循环系统流量过大，怠速时EGR阀卡在开启位置。
当EGR不应该起作用时，PCM通过在冷启动情况下监控EGR温度传感器来监控高流量故障。如果发动机冷却液温度低，但EGR温度上升速度高于规定水平，则PCM确定发生了高流量故障（EGR阀打开）并且设置故障码P0402。废气再循环阀见图6-4。

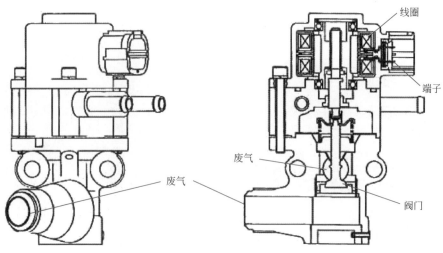

图6-4　废气再循环阀

三、电路通断性故障码分析

1. 故障码P0403分析

（1）故障描述　EGR控制电路故障。

PCM监控来自EGR阀门的输入电压。如果电压保持低或高，则PCM就确定EGR阀门电路存在故障。PCM对步进电动机的线圈及线路进行通断控制。

（2）故障生成原理　步进电动机式EGR系统，EGR阀由一个步进电动机操纵，有四个由ECM驱动的绕组相位。ECM使用脉冲信号依次打开和关闭每个绕组。这使得EGR阀能够按需要以很多小步长来调整。

PCM监控是否检测到了来自ECM中EGR阀检查电路的检查信号（确认正在供电）。如果没有接收到检查信号，则设置故障码P0403。

PCM利用一个歧管绝对压力（MAP）传感器来监测EGR流量。如果PCM检测到MAP传感器出现电气故障，那么将不执行EGR流量测试功能，同时设置相关故障码。

（3）故障可能的原因

维修图解

举例说明故障码P0403，EGR控制电路故障的具体电气电路检测如图6-5所示。

① EGR阀连接器或接线端故障　EGR阀电源电路对地短路或开路。

以下接线端之间的线束对地短路：

a. ENG BAR 15A熔丝-EGR阀门接线端C；

b. ENG BAR 15A熔丝-EGR阀门接线端D。

ENG BAR 15A熔丝故障。

以下接线端之间的线束开路：

a. 主继电器接线端C-EGR阀门接线端C;
b. 主继电器接线端C-EGR阀门接线端D。

② EGR阀故障 以下接线端之间的线束对地短路：

a. EGR阀门接线端E-PCM接线端2AX;
b. EGR阀门接线端A-PCM接线端2BA;
c. EGR阀门接线端B-PCM接线端2AT;
d. EGR阀门接线端F-PCM接线端2AW。

③ PCM连接器或接线端故障 以下接线端之间的线束对电源短路：

a. EGR阀门接线端E-PCM接线端2AX;
b. EGR阀门接线端A-PCM接线端2BA;
c. EGR阀门接线端B-PCM接线端2AT;
d. EGR阀门接线端F-PCM接线端2AW。

以下接线端之间的线束开路：

a. EGR阀门接线端E-PCM接线端2AX;
b. EGR阀门接线端A-PCM接线端2BA;
c. EGR阀门接线端B-PCM接线端2AT;
d. EGR阀门接线端F-PCM接线端2AW。

④ PCM本身故障

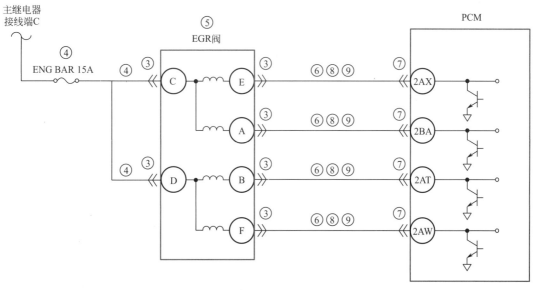

图6-5 具体相关电路图（Mazda5 2012款）

2. 故障码P0404分析

（1）故障描述　EGR控制电路范围/性能故障。

（2）故障诊断测试条件　启动发动机，无负载（在P或N位置）时，将发动机转速保持为3000r/min，直至散热器风扇运转，然后使其怠速。

（3）故障处理措施

① 如果是间歇性故障，系统正常，用化油器清洁剂清除EGR阀上的积炭。

② 监测EGR阀侧，测量EGR阀连接器和相关电路。

3. 故障码P0406分析

（1）故障描述　EGR阀位置传感器电路高电压。

（2）故障处理措施

① 检查EGR阀和PCM是否连接不良或端子松动。

② 更换PCM。

4. 故障码P2413分析

（1）故障描述　EGR系统故障。

（2）故障处理措施

① 检查EGR阀和PCM是否连接不良或端子松动。

② 检查和更换PCM。

四、EGR温度传感器故障码分析

1. 故障描述

故障码P1401：传感器电路电压过高。

EGR温度传感器是一个装在EGR管路中的热敏电阻。当EGR阀打开时，炽热的废气流过EGR管路，使内部温度上升。随着温度升高，热敏电阻的阻值降低。该传感器的电阻会修改一个来自ECM的信号电压。改变后的信号返回到PCM作为EGR温度的输入信号。EGR温度传感器不用于控制发动机系统，它只用于车载诊断。

2. 故障生成原理

PCM监控EGR温度传感器电压是否过低或过高。如果电压读数不处于规定范围内，则设置故障码P1401。

第七章

二次空气系统监测

第一节 二次空气系统

一、二次空气系统概述

1. 说明

二次空气喷射就是发动机在冷车启动时,由于必须在冷启动下供给较浓的混合气,在低温下发动机燃烧往往不是很好,大量的CO排出到大气中。为了降低这时的尾气污染以及暖机阶段的有害物排放,二次空气喷射装置将新鲜空气喷入发动机的排气管,使废气中可燃烧成分继续燃烧,以减少排放污染物,使之达到排放标准。

2. 工作过程

喷入发动机排气管的空气可以跟废气中的有害气体在排气过程中发生氧化反应,降低发动机尾气中的有害物质,同时未完全燃烧的HC以及CO与新鲜空气在排气过程中继续燃烧,可以快速对三元催化器进行预热,大大缩短三元催化器的反应时间。在三元催化器达到工作温度后,应停止二次空气喷射,避免造成三元催化器过热而毁坏。因此,在发动机冷启动后,二次空气喷射装置工作80~120s便停止工作。

3. 工作原理

维修图解

简单地说,二次空气的作用就是在冷启动情况下使催化转换器尽快达到工作温度,满足排放要求。

冷启动情况下,ECU采用较浓的空燃比,这会导致排放的尾气中HC含量较浓,此时ECU将空气导入排放尾气中,充足的氧气与尾气混合进行二次燃烧,使催化转换器迅速达到工作温度。二次空气系统见图7-1。

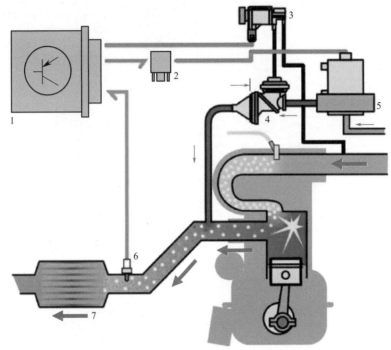

图7-1 二次空气系统(参见附录彩图)
1—发动机控制单元;2—二次空气泵继电器;3—控制阀;4—组合阀;
5—二次空气泵;6—氧传感器;7—三元催化器

二、二次空气泵

1. 功能概述

发动机控制二次空气泵继电器。二次空气泵继电器在发动机启动后不久接通二次空气泵。接通时间与发动机温度、发动机负荷、发动机转速有关。

维修图解

借助二次空气系统进行的空气喷射用于发动机暖机阶段的排气再处理。在控制二次空气泵(图7-2)过程中,发动机控制单元通过一个压力传感器监控二次空气系统。

由于二次空气泵产生压力,使二次空气阀朝排气歧管方向开启。二次空气阀在关闭状态下保护二次空气泵,防止废气中的积炭。

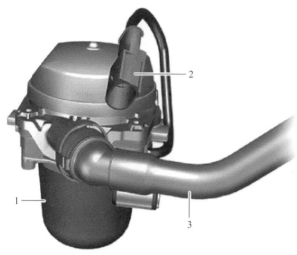

图7-2 二次空气泵
1—二次空气泵；2—2芯插头；3—连接二次空气阀的导线

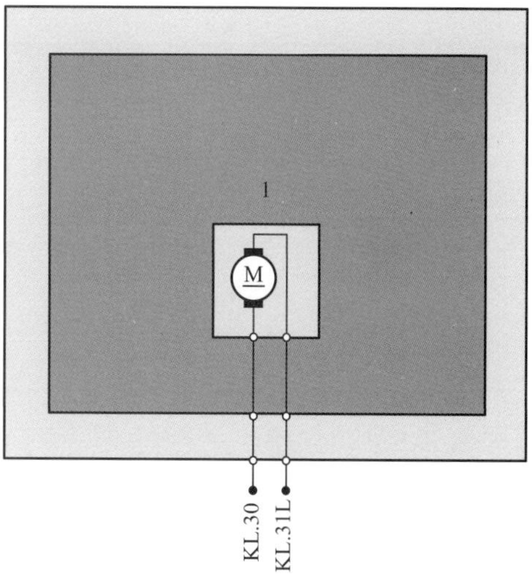

图7-3 二次空气泵内部电路
1—二次空气泵；KL.30—为二次空气泵继电器供电；KL.31L—总线端KL.31，功率管接地

2. 结构及内部电路

维修图解

发动机通过二次空气泵继电器控制二次空气泵。此外，二次空气泵将通过电压（总线端KL.30）为发动机电气系统熔丝支架供电。图7-3为二次空气泵内部电路。

3. 二次空气泵特性线和参数

图7-4中实线和虚线特性线定义极限区域，重要的是此区域要在图中椭圆之内，在225mbar反压时质量流达27kg/h。表7-1为二次空气泵参数。

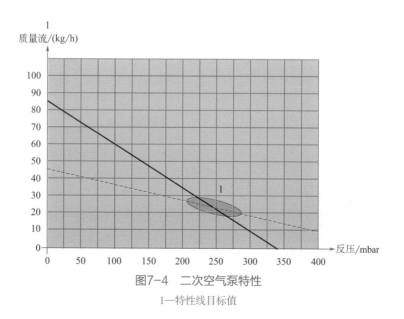

图7-4 二次空气泵特性
1—特性线目标值

表7-1 二次空气泵参数

说明/项目/物理量	参数
电压范围	9～16V
额定电流	70mA
最大电流消耗	60A
反压	225mbar
温度范围	-40～140℃

4. 二次空气泵失效影响

在二次空气泵失灵时，将出现以下情况：
① 在发动机控制单元中记录故障代码；
② 组合仪表中的报警灯和指示灯点亮。

三、二次空气泵继电器

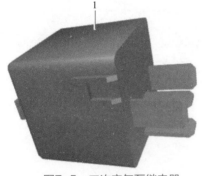

图7-5 二次空气泵继电器
1—二次空气泵继电器（4芯）

1. 说明

电动二次空气泵通过二次空气泵继电器（图7-5）接通。

2. 功能描述

发动机控制系统控制二次空气泵继电器，从而将总线端KL.30（供电电压）切换到二次空气泵。

3. 结构及内部电路

维修图解

机械式继电器按照电磁铁原理工作。励磁线圈内的电流将产生一个穿过铁磁芯的磁流。在其边上，是一个活动支承的，同样是铁磁性的电枢。在空气间隙上，形成了对于电枢的作用力，以切换触点。一旦线圈不再被激励，电枢便会通过弹力被复位到初始位置。图7-6为继电器电路。

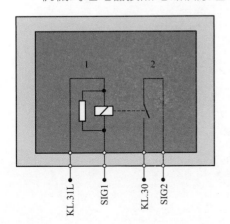

图7-6 继电器电路
1—励磁线圈；2—开关触点；KL.30—总线端KL.30电源电压；KL.31L—总线端KL.31功率管接地；SIG1—通过发动机控制系统（DME为数字式发动机电子伺控系统）控制励磁线圈；SIG2—控制二次空气泵

4. 参数

表7-2为二次空气泵继电器参数。

表7-2　二次空气泵继电器参数

说明/项目/物理量	参数
供电	9～16V
额定电压	12V
温度范围	-40～85℃

5. 失效影响

二次空气泵继电器失灵时，可能将出现下列情况：
① 发动机控制单元中记录故障；
② "黏滞"的继电器可通过二次空气泵的不断运行来识别，无法进行其他诊断。

四、二次空气压力传感器

1. 说明

二次空气压力传感器（图7-7）在二次空气系统上，安装在二次空气泵和二次空气阀之间。此压力传感器测量二次空气管路和环境之间的压差，于是就能够对二次空气系统进行诊断。

2. 功能描述

采用应变仪进行压力测量。施加压力时，传感器中装有应变仪的金属膜会发生变形。应变仪的电阻变化将通过一个测量电桥，以电子方式进行记录并分析。测得的电压然后作为实际值输出到发动机控制单元。

图7-7　二次空气压力传感器
1—二次空气压力传感器；2—3芯插头；
3—二次空气系统的接口

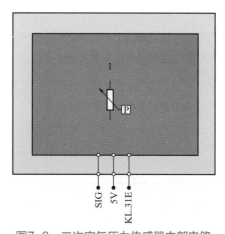

图7-8　二次空气压力传感器内部电路
1—二次空气压力传感器；SIG—二次空气压力传感器信号；
5V—5V供电电压；KL31E—总线端KL31，电子接地线

3. 结构及内部电路

维修图解

二次空气压力传感器通过一个3芯插头进行连接。该传感器由发动机控制系统提供5V的电压。图7-8为二次空气压力传感器内部电路。

4. 特性线及参数

二次空气系统的压力信息将通过一条信号线传输给发动机控制装置。压力的有效信号根据压力变化而波动。测量范围0.5~4.5V，对应的压力为-5~40kPa（-0.5~4bar）。图7-9为传感器特性，表7-3为二次空气压力传感器。

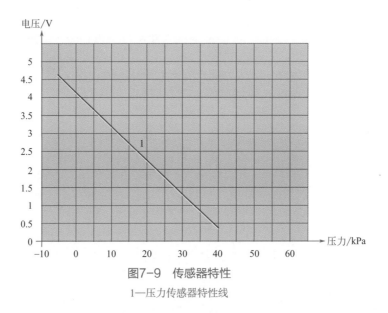

图7-9 传感器特性

1—压力传感器特性线

表7-3 二次空气压力传感器

说明/项目/物理量	参数
供电	4.5 ~ 5.5V
信号电压	0.5 ~ 4.5V
油轨压力测量范围	-0.5 ~ 4bar
最大输出电流	10mA
温度范围	-40 ~ 130℃

5. 失效影响

在二次空气压力传感器失灵时，可能将出现以下情况：
① 在发动机控制单元中记录故障代码；
② 组合仪表中的排放警示灯亮。

第二节　二次空气系统监测

一、监测范围

为了检查二次空气系统的功能是否正常,将进行自动监测。当二次空气喷射、锁止阀及空气转换阀处于工作状态时,其功能必须受到监控。二次空气喷射用于在发动机暖机过程中的废气再处理。为此将新鲜空气直接吹入排气歧管,使废气催化转换器迅速升温。

发动机启动后不久,通过二次空气泵继电器接通二次空气泵。接通时间持续长短取决于下列边缘条件:

① 发动机温度;
② 负荷信号;
③ 发动机转速。

OBD系统在发动机运行过程中监控组合阀的空气流量、电动空气泵、电动空气泵的继电器。

二、基本监测原理

OBD通过前氧传感器对二次空气系统进行功能监测。在二次空气系统工作的情况下,氧传感器输出的电压极低,对应的λ值达到上限。

三、监测内容

在车载诊断系统中监控二次空气系统功能。二次空气泵工作时由发动机控制单元对氧传感器信号进行评估。二次空气系统工作正常时的氧传感器信号主要集中在较小的范围内。

在系统测试时以一定间隔(每20ms)在控制单元内部记录氧传感器信号。根据每次氧传感器信号记录在较小范围内的测量,由一个内部的计数器累计结果。如果计数器超过定义的极限值,则系统被识别为功能完好。如果未达到该极限值,则发动机控制单元会识别到二次空气系统中的故障。功能异常会导致在发动机控制单元故障代码存储器中存储相应的故障记录。

维修图解

二次空气监测原理如图7-10所示。二次空气监测功能通过前氧传感器信号来实现,当二次空气系统工作时,新鲜空气被喷入排气管,排气管内存有大量的氧气,前氧传感器信号指示为稀，因此PCM能够根据前氧传感器信号来判断二次空气系统工作是否正常。

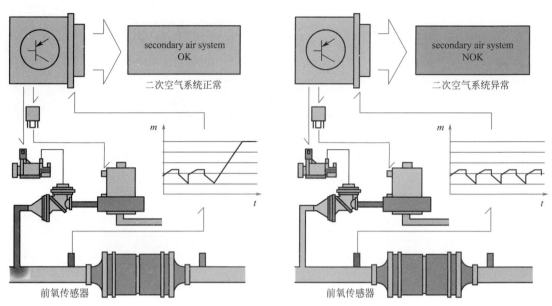

图7-10 二次空气系统监测原理（参见附录彩图）

第八章 元件监测及诊断

第一节 综合部件监测

一、综合部件监测概述

1. 监测说明

PCM控制着发动机的燃油控制、点火控制、怠速空气控制等主要系统。PCM接收传感器的输入信号并立即驱动执行器。输入和输出信号都必须正确和稳定,这一点非常重要。同时,发动机无故障也十分重要,比如真空泄漏、火花塞积炭或其他发动机故障。综合部件监测如图8-1所示。

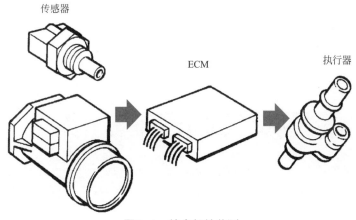

图8-1 综合部件监测

2. 基本原理

监测综合部件输入信号的开路、短路状况的同时，对这些部件进行合理性检查。对这些输入信号进行监测的策略之一是通过对模拟/数字（A/D）转换输入信号的检查，实现对某些输入量的开路、短路和超范围数值的检查。综合部件监测同样对一些输入量进行合理性检查，在合理性检查过程中，使用其他传感器的信号并进行计算，从而判断受检传感器的读数是否符合当前条件，如发动机冷却液温度传感器、进气歧管绝对压力传感器、节气门位置传感器、空气质量流量传感器、怠速控制、喷油器控制等。

在发动机运行过程中，PCM（PCM内集成的综合部件监测器）将持续地对尾气排放控制的相关传感器和执行器进行检查，以确定其是否工作在规定范围内。如果传感器或执行器超出规定参数范围，则PCM中就会储存诊断信息或者故障代码。如果某个与尾气排放控制相关的部件发生故障，而且该故障在第二个行程中得到了确认，那么发动机故障灯将点亮。

> **维修提示**

第一次检测到一个故障时，第一行程DTC和第一行程冻结帧数据存入PCM存储器。在此阶段内，MIL不会点亮。

如果在下一次驾驶时，再次检测到同样的故障，DTC和冻结帧数据将存入PCM存储器，并且MIL点亮。MIL在存储DTC的同时点亮。

当两个连续行程中检测到相同的故障（双行程检测逻辑），或PCM进入"安全−失效"（由于燃油切断，发动机转速不会超过2500r/min）模式时，仪表板上的故障指示灯（MIL）点亮。

当MIL电路开路，PCM无法在发动机控制系统出现故障时，通过点亮MIL来警示驾驶员。

因此，如果在5个行程上连续检测到与电控节气门或PCM相关的零件诊断结果为异常，PCM将通过运行"安全-失效"（由于燃油切断，发动机转速不会超过2500r/min）模式功能来警示驾驶员：发动机控制系统发生故障，并且MIL电路开路。除了MIL电路外，检测到上述的故障诊断结果时，"安全-失效"（由于燃油切断，发动机转速不会超过2500r/min）模式也将工作，并且要求驾驶员检修故障。发动机控制系统如图8-2所示。

二、间歇性故障

诊断一个间歇发生的故障比诊断持续存在的故障更加困难。大多数间歇性故障是由电路接触不良或者电路故障造成的。在这种情况下，应仔细检查可疑的电路，以免不必要地更换正常的零件。

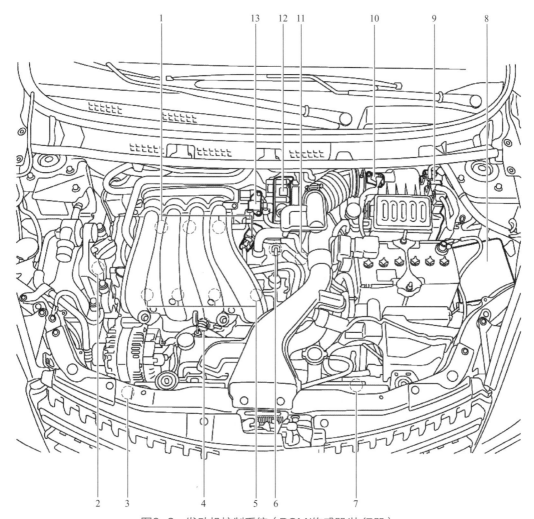

图8-2 发动机控制系统（PCM/传感器/执行器）

1—点火线圈；2—进气门正时控制电磁阀；3—制冷剂压力传感器；4—爆震传感器；

5—燃油喷射器；6—凸轮轴位置传感器；7—冷却风扇电动机；8—接线盒；

9—PCM；10—质量型空气流量传感器；11—发动机冷却液温度传感器；

12—电子节气门控制执行器；13—EVAP炭罐清洁量控制电磁阀

三、接地检查

接地的连接对于电气与电子电路的正确作用非常重要。接地的连接经常会暴露在湿气、灰尘与其他腐蚀性成分中。腐蚀（锈蚀）可能变成不必要的电阻，这个不必要的电阻可能会改变电路的作用。

电子控制的电路对于正确的接地非常敏感。松动或锈蚀的接地会对电子控制的电路造成极大的影响。不良或锈蚀的接地很容易对电路造成影响。即使接地的连接部位看起来很干净，表面上也可能有一层锈蚀的薄膜。接地检查见图8-3。

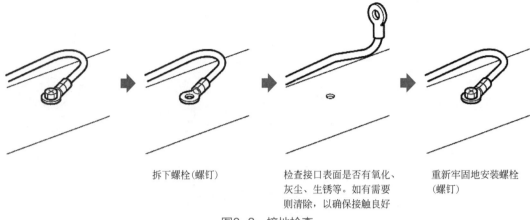

图8-3 接地检查

四、诊断流程

只用目测可能找不到故障的原因。应该用故障诊断仪或相连的电路测试仪进行道路测试，按照表8-1工作流程执行。

表8-1 作业流程

步骤	内容/说明
1	利用诊断工作表取得关于事件与故障发生时的情形和环境状况的详细信息
2	在确认相关故障前，先检查并列出故障码
3	确定故障以及发生情况。诊断工作表和故障码，有利于确认故障。如果故障无法确认，请执行间歇性事件的故障诊断。如果诊测到故障码，请执行步骤5
4	尝试驾驶，确认故障码执行正确。如果事件无法确认，请执行间歇性事件的故障诊断
5	根据步骤1～4的结果执行适当的措施。如果显示故障码，执行故障码的故障诊断。如果显示正常码，执行基本检查
6	根据症状与可能原因之间关系的对比和分析，确认要开始诊断的地方，利用追踪线束配置来检查是否有接头松脱、机械连接、电路损坏的情形。修理电路或更换零件。如无法检测出故障零件，请执行间歇性事件的故障诊断
7	完成电路修理或零件更换后，必须在相同的状况和环境下驾驶。执行故障码确认程序并检测到正常码，如果能检查出相同事件，则使用与先前不同的方法执行步骤6

在实际检查前，要与司机交流在驾驶车辆中的体验，尽可能获取有价值的故障信息。特别是间歇性故障的很好的信息来源。找出存在什么症状及其发生的条件。应使用与"故障信息采集表"上的样本相似的诊断工作单（表8-2）。

诊断开始时，先检查常规的故障。这有助于排除电控发动机车型的行驶性能的问题。

表8-2 故障信息采集表

发现故障日期：		行驶里程：			
故障	□启动性能	□不能启动　　□无着车迹象　　□有着车迹象　　□由节气门位置造成的着车不稳 □不是由节气门位置造成的着车不稳　　□可以启动但很困难 □其他：			
	□怠速	□无快怠速　　□不稳　　□怠速高　　□怠速低 □其他：			
	□动力性能	□转速不稳　　□喘振　　□爆震　　□动力不足 □进气回火　　□排气回火 □其他：			
	□发动机熄火	□启动时　　□怠速时　　□加速时　　□减速时 □停车前　　□增大负荷时			
故障发生的时间		□接到新车后　　□最近　　□早晨 □晚上　　□白天			
故障频率		□一直　　□在某些情况下　　□有时			
天气情况	天气	□没有影响 □晴天　　□雨天　　□雪天　　□其他：			
	温度	□炎热　　□温暖　　□凉爽　　□寒冷　　□潮湿			
发动机状态		□冷机时　　□暖机期间　　□暖机后 发动机转速　├─────┼─────┼─────┼─────┤ 　　　　　　　0　　2000　　4000　　6000　　8000r/min			
路况		□城区　　□郊区　　□高速公路　　□越野起伏颠簸道路			
行驶状态		□没有影响 □启动时　　□怠速时　　□高速行驶时 □加速时　　□巡航时 □减速时　　□转向时（右/左） 车速　├───┼───┼───┼───┼───┼───┤ 　　　0　10　20　30　40　50　60mile/h（1mile=1.609km）			
故障指示灯		□亮　　□不亮			

第二节　发动机输入元件诊断

一、冷却液温度传感器诊断说明

1. 概述

冷却液温度传感器（图8-4）将温度信号转换成一个电气参数（电阻值），对此使用一个具有负温度系数（NTC）的电阻。冷却液温度还用于喷油量和怠速理论转速计算的测量值。

图8-4　冷却液温度传感器
1—冷却液温度传感器；2—2芯插头

2. 功能说明

进行温度记录时，使用的是与温度有关的电阻器。该电路包括一个分压器，可对其测量与温度有关的电阻值。通过一条传感器特有的特性线转换成温度值。在冷却液温度传感器中安装有一个热敏电阻（NTC），其电阻值随温度的上升而下降。

电阻值根据温度在216kΩ～33Ω的范围内变化，对应于-55～160℃的温度。

3. 结构及内部电路

维修图解

冷却液温度传感器通过一个2芯插头进行连接。图8-5为冷却液温度传感器电路。

此电阻是一个由发动机控制单元提供5V供电的分压器电路的部件。

4. 冷却液温度传感器特性线及参数

（1）说明　冷却液温度传感器特性见图8-6。

冷却液温度传感器电阻与冷却液温度有关。在发动机控制单元中存储了一个表格，此表格说明每个电

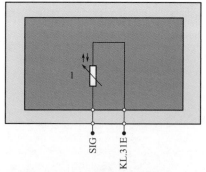

图8-5　冷却液温度传感器电路
1—冷却液温度传感器（热敏电阻）；
KL.31E—总线端KL.31，电子接地线；
SIG—5V供电电压

压值的对应温度。借此可补偿电压和温度之间的非线性关系。

（2）冷却液温度传感器参数　见表8-3。

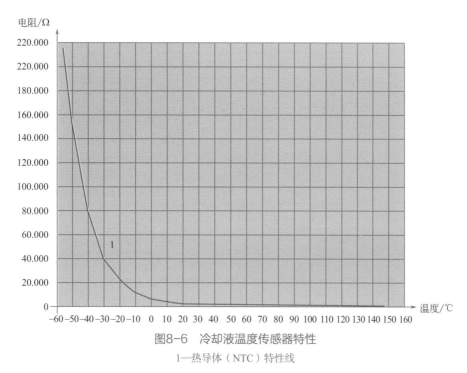

图8-6　冷却液温度传感器特性
1—热导体（NTC）特性线

表8-3　冷却液温度传感器参数

项目/物理量/说明	参数
工作电压范围	4.9～5.1V
信号电压	约0.2～3.3V
响应时间	15s
温度分辨率	±1℃
最大输出电流	20mA
温度范围	-55～160℃

（3）温度与电阻关系　见表8-4。

表8-4　冷却液温度传感器信号输出范围（温度与电阻关系）

测试温度/℃	输出电阻特性		温度误差精度（±）/℃
	电阻/Ω	电阻值误差（±）/%	
-40	100865	4.9	0.7
-35	72437	4.6	0.7
-30	52594	4.4	0.7

续表

测试温度/℃	输出电阻特性		温度误差精度（±）/℃
	电阻/Ω	电阻值误差（±）/%	
−25	38583	4.2	0.7
−20	28582	4.0	0.7
−15	21371	3.8	0.7
−10	16120	3.6	0.7
−5	12261	3.4	0.6
0	9399	3.2	0.6
5	7263	3.1	0.6
10	5658	2.9	0.6
15	4441	2.8	0.6
20	3511	2.6	0.6
25	2795	2.5	0.6
30	2240	2.5	0.6
35	1806	2.4	0.6
40	1465	2.4	0.6
45	1195	2.3	0.6
50	980.3	2.3	0.6
55	808.8	2.2	0.6
60	670.9	2.2	0.6
65	559.4	2.2	0.6
70	469.7	2.1	0.6
75	394.6	2.1	0.6
80	333.8	2.0	0.6
85	283.5	2.0	0.6
90	241.8	2.1	0.7
95	207.1	2.2	0.7
100	178	2.3	0.8
105	153.5	2.4	0.8
110	133.1	2.5	0.9
115	115.7	2.6	0.9
120	100.9	2.7	1.0

续表

测试温度/℃	输出电阻特性		温度误差精度（±）/℃
	电阻/Ω	电阻值误差（±）/%	
125	88.3	2.8	1.0
130	77.5	2.8	1.1
135	68.3	2.8	1.1
140	60.3	2.9	1.2
145	53.4	2.9	1.2
150	47.5	2.9	1.2

5. 诊断提示

冷却液温度传感器失灵时，将出现以下情况：
① 在发动机控制单元记录故障代码；
② 以替代值紧急运行。

二、冷却液温度传感器故障码分析

1. 故障码P0117分析

（1）故障描述　冷却液温度传感器电压太低。
（2）故障原因　可能故障原因：
① 冷却液温度传感器线束接头断路或短路到电源。
② 冷却液温度传感器线束接头短路到接地或短路到电源。
③ 冷却液温度传感器故障。
④ PCM（ECM/ECU）损坏。
（3）故障生成原理　发动机冷却液温度传感器用来检测发动机冷却液的温度，此传感器会调整一个来自PCM的电压信号。调整后的信号作为发动机冷却液温度测量的输入信号返回给PCM。该传感器利用了一个对温度变化敏感的热敏电阻。热敏电阻的电阻值会随温度的升高而变小。
（4）故障识别条件　发动机运转120s以上或吸收时间360min以上，当冷却液温度传感器测量到水温度高于149℃时，一个过低的电压会从冷却液温度传感器传送给PCM，故障码被设定P0117。

2. 故障码P0118分析

（1）故障描述　冷却液温度传感器电压太高。
（2）故障原因　可能故障原因：
① 冷却液温度传感器线束接头断路或短路到电源；
② 冷却液温度传感器线束接头短路到接地或短路到电源；

③ 冷却液温度传感器故障；
④ PCM（ECM/ECU）损坏。

（3）故障生成原理　发动机冷却液温度传感器用来检测发动机冷却液的温度，此传感器会调整一个来自PCM的电压信号。调整后的信号作为发动机冷却液温度测量的输入信号返回给PCM。该传感器利用了一个对温度变化敏感的热敏电阻。热敏电阻的电阻值会随温度的升高而变小。

（4）故障识别条件　发动机运转120s以上或吸收时间360min以上，当冷却液温度传感器测量到水温度低于-38℃但进气温度0℃以上时，一个过高的电压会从冷却液温度传感器传送给ECM，故障码被设定P0118。

3. 故障码P0116分析

（1）故障描述　冷却液温度传感器可信度信号变化太快。

（2）故障生成原理　如果出现不连续的大于30℃的温度差，则识别到故障，生成故障码P0116。

（3）故障识别条件
① 温度条件：无。
② 时间条件：无。
③ 其他条件：发动机运转；控制单元电压9～16V。

（4）故障存储和显示　立刻记录故障。

（5）故障处理措施　检测下列部件之间的导线和插头连接：
① 发动机控制单元，冷却液温度传感器；
② 更换冷却液温度传感器。

三、电子节气门诊断说明

1. 说明

节气门调节器固定在进气集气箱上。发动机控制单元根据下列参量计算出节气门的位置：
① 加速踏板模块的位置；
② 其他控制单元的扭矩要求。
节气门调节器由DME控制单元以电动方式打开或关闭。

2. 功能说明

电子节气门如图8-7所示。节气门开启角度由电动节气门调节器中的两个霍尔传感器监控。

一个伺服电动机带动节气门移动，通过一个基本频率1000Hz的按脉冲宽度调制的信号控制这个伺服电动机。

节气门具有0°～90°的机械调节范围。最大只可移动到81°（对应于节气门100%打开）。

在不通电状态下，节气门由两个节气门复位弹簧保持在约5.2°的紧急空气点。这两个弹簧也用于发生故障（控制已停用）时将节气门复位到该位置。

发动机控制单元借助测得的实际位置将要求的节气门开度标准值转换为控制命令。

此诊断监控两个霍尔传感器的电气功能（对地短路、对正极短路和断路）以及传感器信号的可信度。

只要满足下列条件，诊断就连续进行：
① 总线端KL.15接通；
② 未识别到任何电气故障。

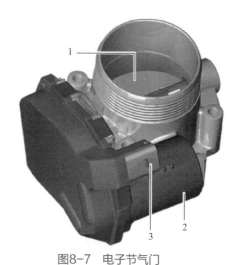

图8-7　电子节气门
1—节气门；2—电动节气门调节器；3—6芯插头

3. 结构及内部电路

维修图解

这些霍尔传感器是非接触式传感器。出于安全考虑，霍尔传感器提供相互反向的信号（冗余）。第二个传感器在所有工作点下提供镜像电压值。图8-8为内部电路。

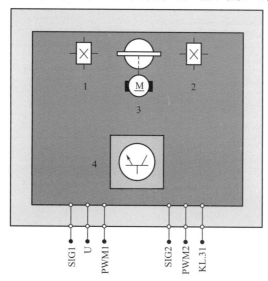

图8-8　内部电路

1—霍尔传感器1；2—霍尔传感器2；3—带节气门的电动节气门调节器；4—带有电子分析系统的电子芯片；SIG1—霍尔传感器1信号；U—霍尔传感器供电；PWM1—控制电动节气门调节器；SIG2—霍尔传感器2信号；PWM2—控制电动节气门调节器；KL.31—总线端KL.31，接地端（发动机控制单元）

4. 信号曲线及参数

发动机控制单元从霍尔传感器处得到0～5V之间的一个测量值。发动机控制单元借助学习到的下部极限位置和可设码的上升比率计算节气门开启角度下的这个电压。此诊断监控两个信号的下部和上部电压极限。图8-9为特性，表8-5为节气门调节器参数。

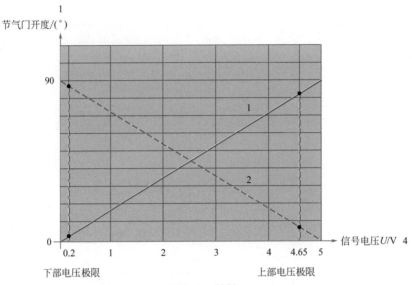

图8-9 特性
1—霍尔传感器1信号；2—霍尔传感器2信号

表8-5 节气门调节器参数

项目/说明/物理量	参数
伺服电动机频率范围	400～16000Hz
霍尔传感器供电电压	4.5～5.5V
霍尔传感器信号电压	0～5V
霍尔传感器耗电	10mA
霍尔传感器和伺服电动机温度范围	-40～140℃

5. 诊断提示

一个霍尔传感器失灵时，将出现以下情况：
① 在发动机控制单元中记录故障代码；
② 以替代值紧急运行（有限的发动机扭矩）；
③ 检查控制信息。
伺服电动机失灵时会出现下面的情况：
① 在发动机控制单元中记录故障代码；
② 节气门处在机械紧急空气点；
③ 检查控制信息。

四、节气门位置传感器故障码分析

电子节气门（ETC）可通过驾驶员的控制，使适当的空气量流入进气歧管以供油气与空气混合后的燃烧行程顺利进行。电子节气门的开度大小，由PCM根据油门踏板位置APS输入信号，以及其他各种传感器输入信号，计算同时间所需要的发动机输出功率并控制燃料喷射量，根据反馈信号修正控制参数，确保发动机控制在最佳状态。

1. 故障码P0068分析

（1）故障描述　电子节气门，空气流量：作动问题。
（2）故障原因　可能故障原因：
① 进气歧管泄漏破裂；
② 进气歧管连接管路破裂；
③ 电子节气门与发动机装置不良；
④ 冷却后进气软管（上）破裂或安装不良；
⑤ 进气压力传感器故障；
⑥ 进气温度传感器故障。
（3）故障识别条件　当发动机启动后能运转，由电子节气门开度所换算的空气流量值与发动机转速与压力（密度）所换算的空气流量值差异超过15g/s，表示进气歧管进气泄漏或节气门通道堵塞，甚至节气门阀移位。

2. 故障码P0122分析

（1）故障描述　电子节气门：节气门位置传感器1（TPS-1），数值过低。信号，对地短路。
（2）故障原因
① TPS-1电路接头线束产生断路。
② TPS-1接头线束产生短路到接地或短路到电源。
③ TPS-1电路接头线束接触不良。
④ ETC故障。
（3）故障识别条件　与传统的机械式节气门不同，电子节气门抛开了线控方式，而使用油门踏板位置传感器将阀的开度转换为电压值后输入到ECM，ECM再通过驱动电动机控制阀开启角度，以达到驾驶员对车辆的精确操控要求。电子节气门有两个位置传感器（TPS-1与TPS-2），这些传感器是一种电位计，可将电子节气门位置转换成输出电压，并发送电压信号给ECM。此外，也会检测节气门的开启与关闭速度并将电压信号提供给ECM。若使用车载诊断仪测量监控实时数据，ECM经过内部运算后则会以百分比（%）方式出现。

当点火电压（蓄电池电压）正常时，将点火开关置于ON位置，PCM检测到TPS-1信号电压小于0.225V（4.5%），P0122故障码就会被设定。

3. 故障码P0123分析

（1）故障描述　电子节气门：节气门位置传感器2（TPS-2），数值过高。电气，对正极短路。

维修图解

诊断系统监控发动机控制单元和节气门传感器1之间的电气连接。如果节气门传感器1

133

的电压＞4.80V，则识别到该故障。电子节气门系统见图8-10。

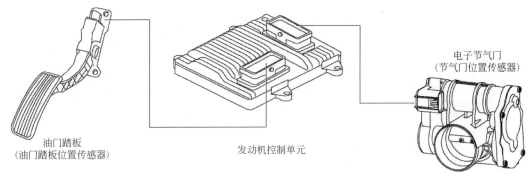

图8-10 电子节气门系统（电气连接）

（2）故障原因
① TPS-1电路接头线束产生断路。
② TPS-1接头线束产生短路到接地或短路到电源。
③ TPS-1电路接头线束接触不良。
④ 发动机控制单元和节气门之间的电线束损坏。
⑤ ETC故障。

（3）故障识别条件　当点火电压（蓄电池电压）正常时，将点火开关置于ON位置，PCM检测到TPS-1信号电压大于4.8V（96%），P0123故障码就会被设定。

4. 故障码P0222分析

（1）故障描述　电子节气门：节气门位置传感器2（TPS-2），数值过低。电气，对地短路。

（2）故障原因　可能故障原因：
① TPS-2电路接头线束产生断路；
② TPS-2接头线束产生短路到接地或短路到电源；
③ TPS-2电路接头线束接触不良；
④ ETC故障。

（3）故障识别条件　将点火开关置于ON位置，ECM检测到TPS-2信号电压小于0.2V（4.99%），则会生成故障码P0222。

5. 故障码P0223分析

（1）故障描述　电子节气门：节气门位置传感器2（TPS-2），数值过高。电气，对正极短路。

（2）故障原因　可能故障原因：
① TPS-2电路接头线束产生断路；
② TPS-2接头线束产生短路到接地或短路到电源；
③ TPS-2电路接头线束接触不良；
④ ETC故障。

（3）故障识别条件　当点火电压（蓄电池电压）正常时，将点火开关置于ON位置，

PCM检测到TPS-2信号电压大于4.77V（约95%），则会生成故障码P0223。

五、加速踏板位置传感器诊断说明

1. 说明

加速踏板位置传感器（加速踏板模块）（图8-11）探测加速踏板位置，将驾驶员意愿以电信号的形式输出到发动机控制单元。

2. 功能概述

加速踏板位置由两个传感器分开探测。之所以使用两个传感器，是为了能够实现冗余，一个用于监控，另一个用于故障识别。

加速踏板行程由传感器作为角度来探测，并作为踏板角度的模拟线性电压特性线直接输出到发动机控制单元。总加速踏板行程可机械转换为 $16°\pm0.5°$。

加速踏板位置的每个改变都会在最多50ms内发送到发动机控制单元。传感器信号以模拟方式传递。发动机控制单元监控传感器的两个输入信号，并比较这些信号的可信度（例如同步性、线性）。

加速踏板在减小油门时的复位借助弹簧元件实现。

图8-11　加速踏板模块
1—加速踏板拉杆；2—满负荷挡块；3—6芯插头

3. 结构及内部电路

维修图解

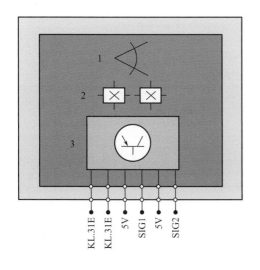

加速踏板模块按照感应原理工作。两个传感器由发动机控制单元分开提供5V电压和接地。电子分析装置根据加速踏板位置产生用于发动机控制单元的模拟电压信号。传感器信号分开传递到发动机控制单元。图8-12为内部电路。

图8-12　内部电路
1—加速踏板位置；2—霍尔传感器；3—电子分析装置；KL.31E—总线端KL.31，传感器1电子接地线；KL.31E—总线端KL.31，传感器2电子接地线；5V—5V供电电压，传感器2；SIG1—传感器1信号线；5V—5V供电电压，传感器1；SIG2—传感器2信号线

4. 参数和特性

此特性线描述带强迫降挡开关的加速踏板模块。图8-13为特性，表8-6为加速踏板模块参数。

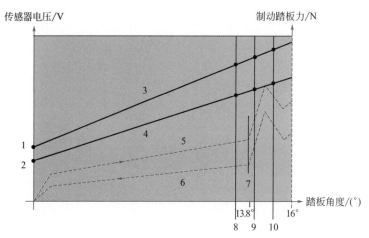

图8-13 特性

1—传感器1在怠速下的传感器电压；2—传感器2在怠速下的传感器电压；3—传感器1输出信号变化过程；4—传感器2输出信号变化过程；5—不断增大的制动踏板力的特性线；6—不断减小的制动踏板力的特性线（减小油门）；7—由于强迫降挡开始提高制动踏板力或由于强迫降挡结束减小制动踏板力；8—不带强迫降挡的满负荷位置；9—强迫降挡关闭；10—强迫降挡接通

（1）强迫降挡开始　提高制动踏板力的起始位置最早在机械终端限位前13.8°，最迟在1.6°。在不断增大的制动踏板力的特性线上，强迫降挡接通的阈值必须在强迫降挡开始的最大制动踏板力后。

（2）强迫降挡结束　提高制动踏板力的结束位置最早在机械终端限位前1.6°，最迟在13.8°。在不断减小的制动踏板力的特性线上，强迫降挡关闭的阈值必须在最大制动踏板力后。

（3）电压值　两个传感器的信号值是供电电压的百分数。

① 传感器1：在怠速转速时数值是供电电压的15%，在终端限位时约90%。

② 传感器2：在怠速转速时数值是供电电压的7.5%，在终端限位时约45%。

表8-6　加速踏板模块参数

说明	参数
电压范围	4.5～5.5V
最大电流消耗	15mA
温度范围	-40～80℃

（4）油门踏板角度与电压之间关系　见表8-7。

该组数据仅为参考，各种车或者不同的测量方式有所差别。

表8-7 油门踏板角度与电压之间关系

参数	对比数	
油门踏板（踩下）角度/(°)	油门踏板（APS）1，信号电压输出值/V	油门踏板（APS）2，信号电压输出值/V
0	0.8左右（怠速）	0.4左右（怠速）
2.5	1.3左右	0.7左右
5	1.9左右	0.9左右
7.5	2.5左右	1.2左右
10	3.1左右	1.5左右
12.5	3.6左右	1.8左右
15	4.4左右	2.1左右
17	4.6（全开）	2.3左右

5. 诊断提示

加速踏板模块只提供驾驶员意愿。因此，加速踏板模块对其他执行器不进行直接干预。发动机控制必须确保在传感器信号失灵时采用车辆的可靠状态。

部件失灵时，可能出现以下情况。

（1）一个传感器信号失灵
① 在发动机控制单元中记录故障代码。
② 检查控制信息。
③ 发动机紧急运行程序（车辆驱动机构受电子限制，能够有条件地继续行驶）。

（2）两个传感器信号失灵
① 在发动机控制单元中记录故障代码。
② 检查控制信息。
③ 发动机紧急运行程序（不能再继续行驶，发动机怠速运行）。

六、加速踏板位置传感器故障码分析

加速踏板（油门踏板）位置传感器为霍尔传感组件，可将驾驶员的加速意图转变为电压信号传送至PCM。原先位于加速踏板及节气门之间的机械机构在使用了油门踏板位置传感器后也都可省略。省略加速踏板及节气门之间的机械机构可降低机械机构故障率。

1. 故障码P0606分析

（1）故障描述 加速/减速信号，输入关联性问题。
（2）故障原因
① 油门踏板（APS）-1或油门踏板（APS）-2信号电路接头线束产生断路。
② 油门踏板（APS）-1或油门踏板（APS）-2信号电路接头线束产生短路到接地。
③ 油门踏板（APS）-1或油门踏板（APS）-2信号电路接头线束产生短路到电源。
④ 油门踏板故障。

⑤ 发动机控制单元故障。

加速踏板位置传感器连接见表8-8。

（3）故障识别条件　当在加速/减速过程中油门踏板传感器将输入PCM的读数与加速/减速的结果不吻合时，显示故障码。

表8-8　加速踏板位置传感器连接

插/接	端子号	说明	图示
线束端脚位定义	1号端子	油门踏板位置传感器2接地	
	2号端子	油门踏板位置传感器1接地	
	3号端子	油门踏板位置传感器1信号	
	4号端子	油门踏板位置传感器1电源	
	5号端子	油门踏板位置传感器2电源	
	6号端子	油门踏板位置传感器2信号	
零件端脚位定义	1号端子	油门踏板位置传感器2信号	
	2号端子	油门踏板位置传感器2电源	
	3号端子	油门踏板位置传感器1电源	
	4号端子	油门踏板位置传感器1信号	
	5号端子	油门踏板位置传感器1接地	
	6号端子	油门踏板位置传感器2接地	

2. 故障码P0607分析

（1）故障描述　换挡过程控制，补偿不可信。

① 如果倾斜度的值小于受实际扭矩增加（正的发动机干预）影响的监控阈值，则会由于倾斜度监控而出现故障。

② 无换挡顺序软件相应请求的正的发动机干预：如果从变速箱未输出正的发动机干预，则检查读回的发动机扭矩期望值是否大于发动机扭矩加上一个阈值。

（2）故障原因　发动机控制单元内部故障。可能的故障原因是机械电子控制系统损坏。

（3）故障识别条件　当下列条件之一发生时，则此故障码会被设定：

① 与备用油门踏板位置有差异；

② 与备用ETC的动力控制模式不相符合；

③ 与备用ETC驱动命令模式不相符合；

3. 故障码P0641、P0651分析

（1）故障描述

① 故障码P0641：电子节气门，参考电压A，超过范围。

② 故障码P0651：电子节气门，参考电压B，超过范围。

> **维修图解**

　　PCM内部供应的两个参考电压（供应传感器）提供给外部模拟传感器。这些电源（V5REF1、SSV5REF2）有电流的限制，须避免发生短路情况。对接地端测量误差值小于0.5V。每一脚位最大连续电流容量为5A。电源供电如图8-14所示。

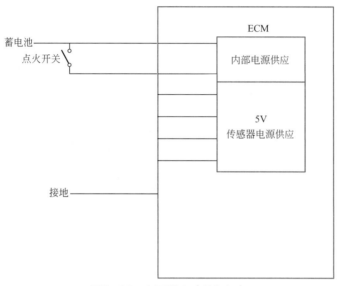

图8-14　电源供电（节气门）

（2）故障原因　可能故障原因：
① 接头线束短路到电源或接地；
② 发动机控制单元故障。
（3）故障识别条件　当点火电压（蓄电池电压）正常，将点火开关置于ON位置，各传感器参考电压约为5V，PCM检测到TPS工作电压大于5.5V（约110%），或是工作电压小于4.49V（约89%）时，会影响传感器的信号电压输出值，此故障码就会被设定。

七、热膜式空气流量计诊断说明

1. 概述

　　热膜式空气流量计固定在进气软管（进气消音器）上。
　　热膜式空气流量计是一个组合式传感器。热膜式空气流量计获取实际空气量，不受空气压力影响。结合其他传感器，发动机控制单元计算出喷射的燃油量。进气温度传感器集成在热膜式空气流量计内，该传感器用于测量废气涡轮增压器之前的进气温度。

进气温度传感器是以可变电阻的电阻变化测量出当前的进气温度，电阻类型为负温度系数（NTC）热敏电阻。当进气温度高则电阻小，进气温度低则电阻大。故当进气温度高时PCM会接收到一电压较低的进气温度信号，进气温度较低时会接收到电压较高的进气温度信号。通过此进气温度信号，PCM可调整喷油正时、点火正时、怠速转速。

2. 功能说明

有一个电动加热式测量元件设置在气流中，测量元件的温度始终保持恒定，气流带走测量元件的热量。空气流量越大，则保持测量元件温度恒定所必须投入的能量就越多。

热膜式空气流量计的特性线扩展到空气流量的负值域（大于550μs的范围）。由于同一个气缸列上的点火间隔不均匀而产生的脉冲，导致在行驶模式下也会出现负空气流量。这一负空气流量将在计算中得到补偿。热膜式空气流量计见图8-15。

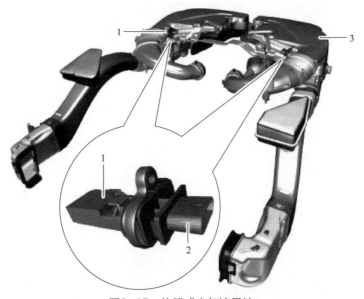

图8-15　热膜式空气流量计
1—热膜式空气流量计；2—5芯插头；3—进气消音器

3. 结构及内部电路

维修图解

进气温度传感器在12V的电压下运行。进气温度传感器由发动机控制系统提供5V电压。由一个电子分析装置对热膜式空气流量计内的测量数据进行分析。由此可以准确记录流过的空气流量，包括流动方向。通过传感器元件，仅记录下一部分的空气流量。流经量管的整个空气流量将根据校准结果进行确定。图8-16为热膜式空气流量计内部电路。

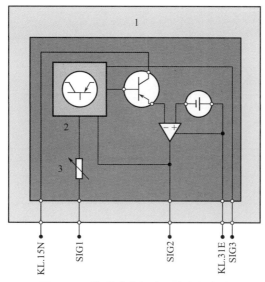

图8-16 热膜式空气流量计内部电路

1—热膜式空气流量计；2—电子分析装置；3—进气温度传感器；
KL.15N—总线端KL.15N，供电电压；SIG1—模拟进气温度信号；SIG2—空气流量信号；
KL.31E—总线端KL.31，电子接地线；SIG3—数字式进气温度信号

4. 信号曲线及标准参数

热膜式空气流量计具有一个以频率设码的输出信号。传感器的设计可以识别出回流（进气管内的动态脉动），并可以在数值和流动方向上进行处理。

空气流量的信号品质取决于温度。要准确确定空气流量，需要有高精度。因此，发动机控制单元所接收到的空气流量信号必须通过进气温度传感器信号进行修正。图8-17为热膜式空气流量计特性，表8-9为热膜式空气流量计参数。

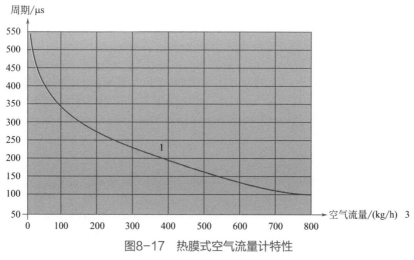

图8-17 热膜式空气流量计特性

1—热膜式空气流量计特性线

表8-9 热膜式空气流量计参数

项目/说明	参数
电压范围	7.5～17V
最大电流消耗	小于0.1A
热膜式空气流量计测量范围	-60～850kg/h
进气温度测量范围	-40～110℃
频率范围	1～15kHz
温度范围	-40～120℃

5. 诊断提示

在热膜式空气流量计失效时，预计将出现以下情况：
① 在发动机控制单元中记录故障代码；
② 以替代值紧急运行。

维修提示

热膜式空气流量计具有自诊断功能，可识别出内部传感器故障。此外，空气流量和温度信号，这两个数字式输出信号，既可在电气方面，也可以针对值域内的错误进行检查。如果热膜式空气流量计识别出一个内部错误，空气流量信号便会长期被设置为"低"，温度信号长期设置为"高"。

八、空气流量计故障码分析

空气进气温度传感器内置在质量型空气流量计中。传感器检测空气进气温度并转换为ECM信号。该温度传感器单元利用了一个对温度变化敏感的热敏电阻。该热敏电阻的电阻值随温度的升高而降低。

1. 故障码P0112分析

进气温度（IAT）传感器是一个测量进入发动机的空气温度的可变电阻器。发动机控制单元向进气温度传感器信号电路提供5V电压，并向低电平参考电压电路提供搭铁。

（1）故障描述　进气温度（IAT）传感器电路电压过低。传感器给PCM发送一个非常低的电压。

（2）故障原因　可能故障原因：
① 线束接头不良、线束断路或短路；
② 进气温度传感器故障；
③ 发动机控制单元损坏。

（3）故障识别条件　发动机控制单元检测到进气温度高于149℃并持续5s以上。

2. 故障码P0113分析

（1）故障描述　进气温度（IAT）传感器电路电压过高。传感器给PCM发送一个非常高的电压。

（2）故障原因　可能故障原因：
① 线束接头不良、线束断路或短路；
② 进气温度传感器故障；
③ 发动机控制单元损坏。

（3）故障识别条件　发动机控制单元检测到进气温度低于-39℃并持续5s以上。

3. 故障码P0102分析

（1）故障描述　空气流量计，校正信号：对地短路。空气流量计电路低输入。
如果该数字温度信号长期处于低电平，则识别到该故障。

（2）故障原因　信号线：对地短路。
可能的故障原因：
① 电线束损坏；
② 组件和发动机控制单元的插头接点不良；
③ 传感器信号线、供电和接地接触不良；
④ 传感器本身故障。

（3）故障识别条件
① 电压条件：车载网络电压＞10V。
② 温度条件：无。
③ 时间条件：无。
④ 其他条件：发动机运行。

（4）故障存储条件　如果故障存在时间超过3s，则被记录。

4. 故障码P0103分析

（1）故障描述　空气流量计，校正信号：对正极短路。空气流量计电路高输入。
如果该数字温度信号长期处于高电平，则识别到该故障。

（2）故障原因　可能的故障原因：电线束损坏。

（3）故障识别条件
① 电压条件：车载网络电压＞10V。
② 温度条件：无。
③ 时间条件：无。
④ 其他条件：发动机运行。

（4）故障存储条件　如果故障存在时间超过3s，则被记录。

九、进气温度/增压压力传感器诊断说明

1. 概述

进气温度/增压压力传感器是组合式传感器，向发动机控制单元提供以下信息：

① 增压空气温度；
② 增压压力。

增压压力传感器用于增压压力调节。利用进气压力传感器的信号，发动机控制单元还将对节气门的位置进行补偿。

2. 功能说明

（1）增压压力传感器　采用应变仪进行压力测量。施加压力时，传感器中装有应变仪的金属膜会发生变形。应变仪的电阻变化将通过一个测量电桥，以电子方式进行记录并分析。然后，所测得的电压将作为实际值输入到增压压力调节装置中。

（2）进气温度传感器　进行温度记录时，使用的是与温度有关的电阻器。该电路包括一个分压器，可对其测量与温度有关的电阻值。通过一条传感器特有的特性线转换成温度值。在进气温度传感器中安装有一个热导体（NTC），其电阻值随温度的上升而下降。此电阻值根据温度在167kΩ～150Ω的范围内变化，对应于-40～130℃的温度。进气温度/增压压力传感器见图8-18。

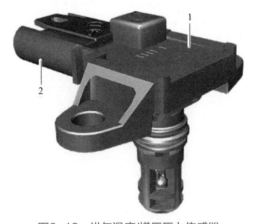

图8-18　进气温度/增压压力传感器

1—进气温度/增压压力传感器；2—4芯插头

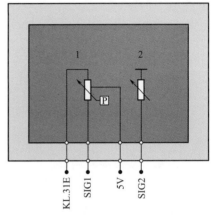

图8-19　传感器内部电路

1—增压压力传感器；2—进气温度传感器；KL.31E—总线端KL.31，电子接地线；SIG1—增压压力信号；5V—5V供电电压；SIG2—进气温度信号

3. 结构及内部电路

维修图解

进气温度/增压压力传感器通过一个4芯插头进行连接。该传感器由发动机控制系统提供5V的电压。图8-19为传感器内部电路。

4. 特性线及标准参数

增压压力的信息将通过一条信号线传输给发动机控制装置。增压压力的有效信号根据压力变化而波动。测量范围0.5～4.5V，对应于20～250kPa（0.2～2.5bar）的增压压力。图8-20为传感器特性，表8-10为进气温度/增压压力传感器参数。

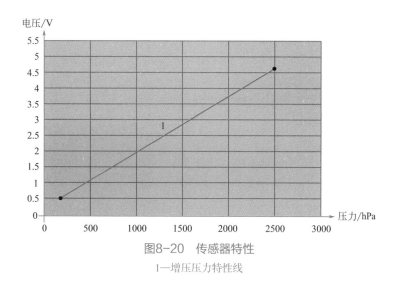

图8-20 传感器特性
1—增压压力特性线

进气温度传感器的电阻随着温度在167kΩ～150Ω的范围内变化，对应于-40～130℃的温度。

表8-10 进气温度/增压压力传感器参数

项目/物理量	参数
增压压力传感器电压范围	0.5～4.5V
增压压力测量范围	0.2～2.5bar
进气温度传感器的分辨率	±1℃
最大输出电流	10mA
温度范围	-40～130℃

5. 诊断提示

在进气温度/增压压力传感器失效时，将出现以下情况：
① 在发动机控制单元中记录故障代码；
② 以替代值紧急运行。

十、增压压力传感器故障码分析

为了提供喷油嘴正确的喷油量，进气量须由增压型进气歧管压力传感器反馈至PCM。装配位置通常位于进气歧管顶部。PCM依据发动机的其他相关参数状态，进而推算出实际进入发动机参与燃烧的实际空气量（实际进气量）。

PCM依据流体力学原理，根据进气歧管内的空气温度和压力实际测试数据并组合考虑到其他相关参数的影响因素，根据所得出的进气量为发动机提供理想比例的燃油喷射量。

1. 故障码P0105诊断

（1）故障描述　增压压力传感器电路。增压压力传感器没有动作。

（2）故障原因　可能的故障原因：

① 增压压力传感器线束接头不良；

② 增压压力传感器线束断路或短路；

③ 增压压力传感器故障；

④ 发动机控制单元故障。

（3）故障识别条件　节气门开度小于30%且发动机转速350r/min以上，而发动机运转2s以下，每7.81ms诊断一次中PCM检测160个测试样本内有120个失败，当上述条件满足时故障码会被设定。

2. 故障码P0107诊断

（1）故障描述　增压压力传感器电压太低。

（2）故障原因　可能的故障原因：

① 增压压力传感器线束断路或短路到接地；

② 增压压力传感器故障；

③ 发动机控制单元损坏。

④ TPS传感器故障。

（3）故障识别条件　发动机控制单元检测到进气压力传感器电压低于0.20V，持续5s以上。

发动机转速1000r/min以下时节气门开度大于0%或发动机转速1000r/min以上时节气门开度大于20%时，当PCM检测到的进气歧管压力值信号电压小于0.2V，设置故障码P0107。

3. 故障码P0108诊断

（1）故障描述　增压压力传感器电压太高。

（2）故障原因　可能的故障原因：

① 增压压力传感器线束短路到电源；

② 增压压力传感器故障；

③ 发动机控制单元损坏；

④ TPS传感器故障。

（3）故障识别条件　发动机控制单元检测到增压压力传感器电压高于4.8V，持续5s以上。

发动机转速2400r/min以下时节气门开度小于15%或发动机转速2400r/min以上时节气门开度小于35%时，当PCM检测到的进气歧管压力值信号电压大于4.8V，在每125ms诊断一次中ECM检测640个测试样本内有320个测试失败，当上述条件满足时故障码会被设定。

十一、爆震传感器诊断说明

1. 概述

爆震传感器（图8-21）固定在发动机缸体上，见图8-22。爆震传感器监控所有气缸。

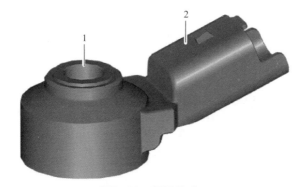

图8-21 爆震传感器
1—爆震传感器；2—2芯插头

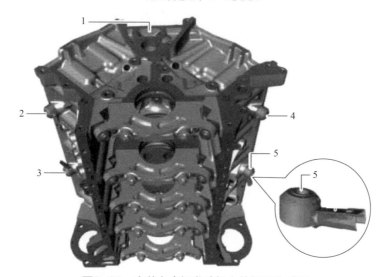

图8-22 安装在多缸发动机上的爆震传感器
1—气缸体；2—气缸1和2爆震传感器；3—气缸3和4爆震传感器；
4—气缸5和6爆震传感器；5—气缸7和8爆震传感器

爆震传感器用于记录固体声震动（敲击）。敲击式燃烧可损坏发动机。爆震传感器的数据令发动机控制系统可以采取应对措施。在汽油发动机中，在特定条件下可能变成响铃式燃烧过程。该响铃式燃烧过程将降低最早可能出现的点火时刻，并由此限制发动机的功率和效率。

2. 功能说明

爆震是由于尚未被火焰前端接触到的混合气自燃所产生的结果。正常燃烧和通过活塞的压缩引起压力和温度升高，从而导致尚未燃烧的混合气自燃。这时，所出现的火焰速度将超过2000m/s，而正常燃烧时，该速度仅为约30m/s。

爆震的原因可能是燃油等级不良、气缸进气高、进气温度和发动机温度过高或者压缩比过高（例如沉积）。

在较长时间持续爆震时，压力波和热负荷可能在气缸盖密封件上、活塞上和气门区域内引起机械损坏。爆震燃烧的特征性震动可通过爆震传感器被接收，转换为电信号，并被输送到发动机控制系统。在发动机控制系统中，将对这些信号进行处理，以使它们与相应的气缸进行对应。

3. 结构及内部电路

维修图解

信号的转换通过一块压电陶瓷片进行。通过压力，在陶瓷内部产生电荷移动，从而产生电压。该电压通过接触片被获取。图8-23为爆震传感器内部电路。

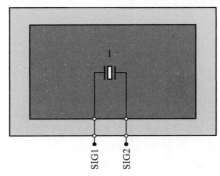

图8-23　爆震传感器内部电路

1—气缸爆震传感器；SIG1—信号差1；SIG2—信号差2

4. 特性线及标准参数

维修图解

爆震传感器在最高约为20kHz的频率范围内显示出线性特征。传感器自身的谐振频率出现在一个高得多的频率下（大于30kHz）。通常出现的发动机爆震声在大约7kHz的频率范围内变动。图8-24为爆震传感器特性，表8-11为爆震传感器参数。

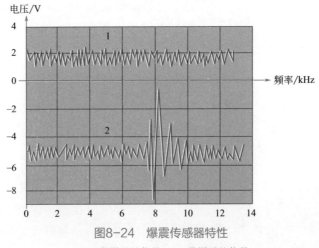

图8-24　爆震传感器特性

1—不带爆震的信号；2—带爆震的信号

表8-11 爆震传感器参数

项目/说明/物理量	参数
电压范围	4.5～5.5V
频率范围	7～25kHz
最大输出电流	20mA
车外温度	−40～150℃

5. 诊断提示

在爆震传感器失效时，将出现以下情况：
① 在发动机控制单元记录故障代码；
② 利用替代值进行应急运行（减小点火提前角）。

十二、爆震传感器故障码分析

强爆震是一种在高增压发动机上发生的不规律的燃烧，这时最大燃烧压力从正常约100bar升高到最多200bar。原因是燃油室内有脏物，这些脏物在实际点火时刻之前触发了油气混合气的燃烧。因此，无法通过点火干预防止强爆震。如果发动机控制单元识别到强爆震，为了防止发动机损坏就会降低功率。强爆震会导致相关气缸短时喷射关闭（3～6个循环）。此外，如果在较高发动机转速时频繁出现强爆震，则会在故障代码存储器中记录一个故障。在这些情况下，一个可能的故障原因是某个火花塞损坏。

爆震控制系统的自诊断包括下列检测：
① 检测有故障的信号，例如断路或插头连接损坏；
② 分析电路自检；
③ 检测由爆震传感器探测到的发动机噪声级。

如果在进行这些检测时确定某个故障，则关闭爆震控制系统。一个紧急程序执行点火角控制，发动机扭矩被限制，同时在故障代码存储器中记录一个故障。此紧急程序确保自至少研究法测定的辛烷值91起无损坏地运行。此紧急程序与负荷、发动机转速和冷却液温度有关。

维修提示

安装多个爆震传感器时，诊断功能无法识别无意间换错的两个爆震传感器。爆震传感器的正确位置对于爆震控制系统的正常工作至关重要。各个爆震传感器的正确位置已通过连接电缆的长度和与电线束接头之间的位置规定好。在安装时要注意爆震传感器的正确位置。

1. 故障码P0324诊断

当爆震发生时，气缸体会产生异常震动，而此异常震动则会通过爆震传感器内的压电材料发送信号至PCM，告知PCM爆震产生。当发动机产生爆震时，PCM会延后点火提前角度以消除爆震的产生。

爆震传感器产生的交流电压信号随发动机运行时的振动程度而变化。发动机控制单元通过2个独立的信号电路接收爆震传感器信号。发动机控制单元根据爆震传感器信号的振幅和频率调节点火正时。

（1）故障描述　爆震传感器系统性能。

（2）故障生成原理　检测到爆震传感器信号的变化范围大于65%或小于25%，则设定故障码P0324。

（3）故障原因　可能的故障原因：

① 爆震传感器至PCM的信号与接地电路短路到接地；

② 爆震传感器至PCM的信号与接地电路断路；

③ 线束受损导致接触不良；

④ 爆震传感器故障。

（4）故障识别条件　发动机转速超过1400r/min时，当爆震传感器爆震与噪声值相似超过门槛值，且PCM检测到爆震传感器的各缸最大信号的平均值低于系统设定的最低临界值或高于系统设定的最高临界值时，故障码会被设定。

2. 故障码P0325诊断

（1）故障描述　爆震传感器电路。

（2）故障生成原理　检测到爆震传感器信号的变化幅度持续小于0.1%，则设定故障码P0325。

（3）故障原因　可能的故障原因：

① 爆震传感器至PCM的信号与接地电路短路到接地；

② 爆震传感器至PCM的信号与接地电路断路；

③ 线束受损导致接触不良；

④ 爆震传感器故障。

（4）故障识别条件

① 未设置进气绝对压力传感器故障。

② 未设置节气门位置传感器故障。

③ 发动机转速超1400r/min时，当爆震传感器爆震与噪声值相似超过门槛值，且PCM检测到爆震传感器的各缸信号的差异值小于系统设定的最低临界值。

符合上述条件时，故障码会被设定。

3. 故障码P0327、P0328诊断

爆震传感器安装在气缸体上。它通过一个压电元件感知发动机的爆震情况。来自缸体的敲击震动以震动压力的形式自动检测。该压力转化成一个电压信号，发送给PCM。

（1）故障描述

① 故障码P0327，爆震传感器电路输入过低，传感器给PCM发送一个非常低的电压；

② 故障码P0328，爆震传感器电路输入过高，传感器给PCM发送一个非常高的电压。

（2）故障原因

① 线束或接头不良。

② 传感器电路开路或短路。

③ 爆震传感器故障。

十三、燃油传感器诊断说明

1. 诊断说明

燃油传感器安装在燃油泵内，依油箱内燃油量多少通过机械式浮子高低移动使可变电阻产生变化，由燃油传感器输出电压给PCM，PCM再通过CAN线路传送信号给组合仪表板。燃油传感器包含两个零件，一个是机械式浮子，另一个是可变电阻器。

2. 电路检测

① 点火关闭，断开燃油传感器上的连接器。
② 测试燃油传感器接地电路端子5和接地之间的电阻是否小于5Ω。
如果超过规定范围，测试接地电路是否开路/电阻过高。
③ 点火接通，测试燃油传感器接地电路端子5和燃油传感器信号电路端子1之间的电压是否在4.9～5.1V之间。如果低于规定范围，测试燃油传感器电压电路是否对地短路；如果测试正常，更换发动机控制模块。如果高于规定范围，测试燃油传感器电压电路是否对电压短路；如果测试正常，更换发动机控制模块。

十四、燃油传感器故障码分析

1. 故障码P0462分析

（1）故障描述　燃油传感器电压太低。
（2）故障生成原理　与油箱油位传感器FTL相连的有两个引脚，分别是传感器信号端、传感器接地端。当油位变化时，传感器会产生不同电压，随油量变多，电压变小。如果电压过低时，会设置故障码P0462。
（3）故障原因　可能的故障原因：
① 线束接触不良；
② 传感器与PCM之间的线束对接地短路、断路；
③ 传感器与PCM之间的线束对电源短路、断路；
④ 燃油泵油位传感器损坏；
⑤ 发动机控制单元故障。
（4）故障识别条件　燃油液面信号电压低于0.2V，则判为油位传感器对地短路。

2. 故障码P0463分析

（1）故障描述　燃油传感器电压太高。
（2）故障生成原理　与油箱油位传感器FTL相连的有两个引脚，分别是传感器信号端、传感器接地端。当油位变化时，传感器会产生不同电压，随油量变少，电压变大。如果电压过高时，会设置故障码P0463。

（3）故障原因　可能的故障原因：

①线束接触不良；

②传感器与PCM之间的线束对接地短路、断路；

③传感器与PCM之间的线束对电源短路、断路；

④燃油泵油位传感器损坏；

⑤发动机控制单元故障。

（4）故障识别条件　燃油液面信号电压高于4.9V，则判为油位传感器对电源短路或开路。

十五、机油状态传感器诊断说明

1. 概述

机油状态传感器扩展了温度油位传感器的功能。机油状态传感器测量下列参数：机油温度；油位；电介质的电导率。

发动机控制系统分析这些测量参数。此外用机油状态传感器还可以确定发动机机油的电性能。这些特性随着发动机磨损以及发动机机油变化（例如老化、混入杂质）而变化。

2. 功能说明

机油状态传感器固定在油底壳上，可从下部拆装。在所有新型发动机系列上都不再存在油尺（柴油发动机除外）。规定对所有发动机进行电子油位检查。

维修提示

机油状态传感器（图8-25）由两个圆柱形电容器组成，两个电容器上下重叠布置，两根金属管交错插接，用作电极，位于电极之间的发动机油用作电介质。

图8-25　机油状态传感器

1—用于测定液位的量管；2—温度传感器；3—3芯插头

> **小贴士**
>
> 位于电场中的不导电物质被称为电介质。电场穿过绝缘体。电容率也被称作电导率。电容率说明物质的电场穿透性。该系数说明，电容极板之间排列有介电的、不导电的材料时，电容器上的电压降多大。

温度传感器位于机油状态传感器的壳体上。在机油状态传感器的壳体中有一个电子分析装置。此电子分析装置具有自诊断功能。机油状态传感器的故障被输入发动机控制系统的故障代码存储器中。

发动机机油的电特性随着发动机机油的损耗和老化而改变。由于发动机机油（电介质）的电特性变化，电容器的容量发生变化。机机油状态传感器内部结构见图8-26。

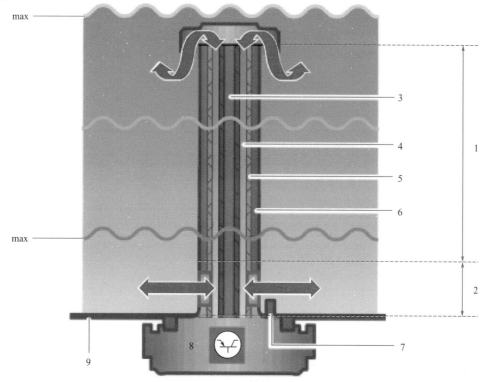

图8-26　机油状态传感器内部结构（参见附录彩图）

1—油位测量范围；2—电容率测量范围；3—内部电容器；4—电介质（发动机机油）；
5—外部电容器；6—壳体；7—温度传感器；8—电子分析装置；9—油底壳

电子分析装置把测得的电容量转换成一个数字信号，然后将这个数字信号发送到发动机控制系统。发动机控制系统将此信号用于内部计算（例如发动机机油中的冷凝水）。

为进行电子油位检查，机油状态传感器上部分中的第二个电容器在发动机运转时探测油位。该电容器在油底壳中的油位高度上，因此随着油位的变化，电容器的电容也发生改变，电子分析装置由此生成一个数字信号，发动机控制系统由此计算出机油油位。中央信息显示器（CID）以及组合仪表显示电子油位检查结果。在不带CID的车辆上，只在组合仪表上显示油位。

3. 内部电路

维修图解

机油状态传感器通过一个串行数据接口连接在发动机控制系统上。
测量系统已完全集成在电子模块中，并通过容量测量工作。
供电取决于发动机型号（例如通过总线端KL.87、总线端KL.15或总线端15N）。
图8-27作为示例显示通过线端KL.87供电。

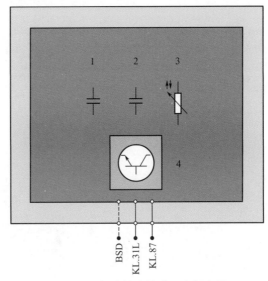

图8-27 机油状态传感器内部电路
1—电容器1；2—电容器2；3—温度传感器；4—带有电子分析装置的电子芯片；
BSD—串行数据接口；KL.31L—负荷接地；KL.87—接通点火开关的蓄电池电压

4. 传感器参数

表8-12为机油状态传感器参数。

表8-12 机油状态传感器参数

项目/说明/物理量	参数
电压范围	9～16V
油位测量范围	0～75mm
电容率测量范围	1～6S/m
机油的允许电容率	0.02S/m
温度范围	-40～160℃

第三节 发动机输出元件监测

一、喷油器诊断说明

1. 燃油高压系统

汽油发动机通过直接喷射工作，直接喷射用于提高功率。这时，燃油压力最高达200bar（怠速，50bar；满负荷，200bar）。通过使用直接喷射系统，可在整个燃烧室内实现均匀的混合气形成。均匀的混合气形成意味着，可像进气管喷射装置一样按化学计算（空气过量系数=1）调节空燃比。通过均匀的混合气形成可以使用常规排气再处理。每个气缸各自的全顺序喷射装置具有下列优点：

① 每个气缸的最佳混合气制备；
② 喷射时间与发动机运行状态（发动机转速、负荷和温度）匹配；
③ 在交变负荷时有选择地修正各个气缸的燃油喷射（在一个进气行程期间可以通过追加燃油喷射、延长或缩短来校正喷射时间）；
④ 能够有选择地关闭气缸（例如在点火线圈损坏时）；
⑤ 能够诊断每个喷射阀。

2. 部件说明

将描述燃油高压系统的下列部件：带流量调节阀的高压泵；油轨压力传感器；电磁阀式喷油嘴。

（1）带流量调节阀的高压泵 高压泵是带有柱塞并具有提升燃油压力和向油轨输送燃油的燃油泵。

高压泵用螺栓拧紧在真空泵的后端上。高压泵的驱动轴与正时链驱动的真空泵驱动轴相连。

流量调节阀固定在高压泵上。流量调节阀是一个脉冲宽度调制控制的阀门。在激活流量调节时，PCM用不同的脉冲负载参数控制流量调节阀，从而设置PCM计算出的油轨标准压力。

高压泵在油轨中不断产生系统压力。为调节必要的油轨压力使用两个阀门：流量调节阀；油轨压力调节阀。

正确的油轨压力可根据情况利用下列三种可用的调节方式之一来调整。

① 通过流量调节阀调节油量 流量调节阀只允许由低压侧流入一定的燃油，这足以产生所需的油轨压力。这时不把高压泵中的气缸用燃油完全注满。电流越高，油轨压力越小。油轨压力调节阀通强电，致使油轨压力调节阀保持关闭。

② 通过油轨压力调节阀进行压力调节（例如在滑行阶段） 高压泵不断向油轨中输送高压燃油。油轨压力调节阀控制过多输送到油轨中的燃油量进入燃油低压系统。电流越高，油轨压力越小。此时流量调节阀已关闭。

③ 通过油轨压力调节阀和流量调节阀同时进行组合调节　在喷油量很少且小于约4mg时（怠速时），油轨压力调节阀必须略微减少燃油高压系统中的燃油。原因是高压泵不具有零供油能力。这意味着，高压泵即使在流量调节阀关闭时也向燃油高压系统中输送燃油，从而导致油轨压力过高，并因此导致调节偏差。通过持续切换"流量调节"和"压力调节"调节方式避免过高的油轨压力。

在下列情况时调节激活。

① 在发动机启动时：全面输送。

② 发动机运转时：根据负荷变化在三种调节方式之间切换。

根据负荷变化通过三种调节方式调整油轨压力。这样，高压泵准确输送发动机所需的燃油量，于是可降低高压泵的功率并降低发动机油耗。高压泵见图8-28。

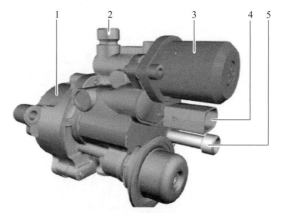

图8-28　高压泵

1—高压泵；2—通往油轨的高压管路的接头；3—量控阀；
4—2芯插头；5—来自燃油泵的低压管路的接头

（2）油轨压力传感器　油轨压力传感器见图8-29。油轨压力传感器旋入燃油分配器（油轨）的末端中。此传感器向PCM提供高压泵后的燃油压力。

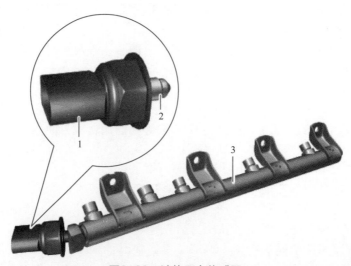

图8-29　油轨压力传感器

1—3芯插头；2—油轨压力传感器；3—燃油分配器（轨道）

油轨压力传感器用于油轨压力控制。油轨压力传感器的信号是PCM的一个重要输入信号，用于控制量控阀。量控阀是高压泵的一个部件。

使用应变仪探测油轨压力。施加压力时，传感器中装有应变仪的膜片会发生变形。应变仪的电阻变化将通过一个测量电桥，以电子方式进行记录并分析。然后，电压测量结果将作为实际值输入到油轨压力控制中。

油轨压力信息通过一条信号线传送到PCM。油轨压力的有效信号根据压力变化而波动。测量范围从0.5～4.5V，对应于从0～25MPa（0～250bar）的油轨压力，见图8-30。

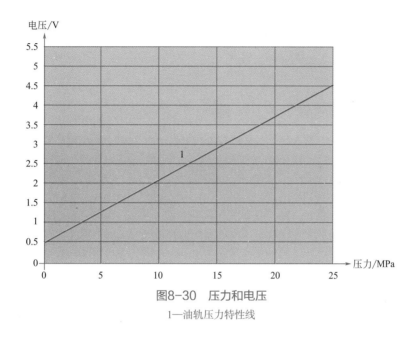

图8-30 压力和电压
1—油轨压力特性线

高压调节：量控阀调节从低压侧向高压泵高压侧的燃油输入。通过三种调节方式调整所需的油轨压力。油轨压力传感器的信号是PCM的输入信号，用于控制量控阀。

油轨压力传感器或高压泵失灵时，PCM不再控制量控阀。通过高压泵的集成式旁通阀可在限制的行驶模式下继续驾驶。

（3）电子阀式喷油嘴

维修图解

电磁阀式喷油嘴（喷油器）将燃油在高压下喷入燃烧室内。电磁阀式喷油嘴是一个向内打开的阀门，喷束分布范围变化性高（角度和形状）。喷嘴孔决定射流直接喷射的形状，可获得均匀分布。

向内打开的电磁阀式喷油嘴即使在燃烧室内压力和温度等因素影响下也能保持分布稳定。高压下（介于50～200bar之间）朝燃烧室内的燃油喷射在进气和压缩冲程中进行。在暖机阶段还发生一个追加燃油喷射，喷射少量燃油以便更快达到废气催化转换器的工作温度（废气催化转换器加热）。在冷机启动时，燃油量分成多个脉冲在压缩冲程中喷射，于是可产生非常可靠的冷机启动，并显著改善有害物质的排放和燃油消耗。图8-31、图8-32为喷油器。

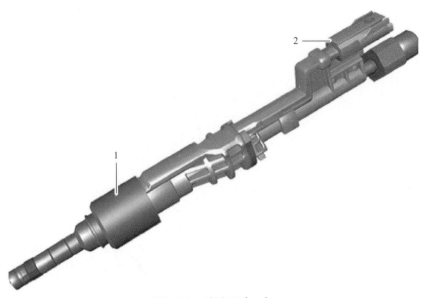

图8-31 喷油器(一)
1—喷射装置；2—2芯插头

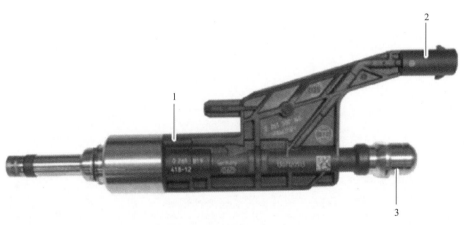

图8-32 喷油器(二)
1—喷油器；2—电气接头；3—直接连接油轨

按照情况所需的燃油量通过电磁阀式喷油嘴喷射到燃烧室中。这个量可以通过两个调节参数影响到：油轨压力；电磁阀式喷油嘴开启时间。

开启时间通过喷射信号控制，通过PCM设定开启时间。根据电磁阀式喷油嘴的控制持续时间得出开启行程，通常始终设置为最大行程。

维修图解

如图8-33所示，电磁阀式喷油嘴由PCM在接地侧控制。
控制分为四个阶段：打开阶段；启动阶段；保持阶段；关闭阶段。

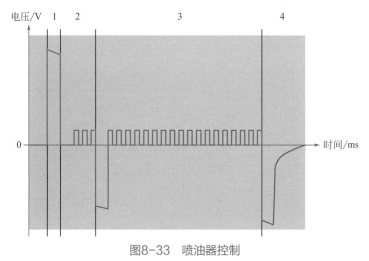

图8-33 喷油器控制
1—打开阶段；2—启动阶段；3—保持阶段；4—关闭阶段

二、喷油器故障码分析

喷油器（维修中通常称喷油嘴）的喷油由电磁阀所控制，在精密计算喷油量及喷油时间长短后将燃油送入气缸内，能使燃油在各种负载及转速下产生最佳的燃烧。空气温度、压力信号、氧传感器信号输入至PCM，PCM经过内部运算后输出驱动信号至喷油嘴，使空燃比维持在理想值。喷油嘴是一种小而精密的电磁阀。PCM供给喷油嘴电路接地信号时，喷油嘴的线圈会通电。通电的线圈会将针阀往回拉，并让燃油流过喷油嘴进入燃烧室内。燃油喷射量依喷射脉冲持续时间而定。脉冲持续时间就是喷油嘴保持开启的时间长度。PCM会根据发动机对燃油的需求控制喷射脉冲持续时间。喷油器故障码见表8-13。

表8-13 喷油器故障码

故障码（DTC）	故障描述/故障码解释
P0261	喷油器1控制电路电压过低
P0262	喷油器1控制电路电压过高
P0264	喷油器2控制电路电压过低
P0265	喷油器2控制电路电压过高
P0267	喷油器3控制电路电压过低
P0268	喷油器3控制电路电压过高
P0270	喷油器4控制电路电压过低
P0271	喷油器4控制电路电压过高
P0273	喷油器5控制电路电压过低
P0274	喷油器5控制电路电压过高

续表

故障码（DTC）	故障描述/故障码解释
P0276	喷油器6控制电路电压过低
P0277	喷油器6控制电路电压过高
P0201	喷油器1控制电路（断路）
P0202	喷油器2控制电路（断路）
P0203	喷油器3控制电路（断路）
P0204	喷油器4控制电路（断路）
P0205	喷油器5控制电路（断路）
P0206	喷油器6控制电路（断路）

1. 故障码P0261分析

（1）故障描述　喷油嘴1控制电路电压过低。

（2）故障原因　可能故障原因：

① 喷油嘴熔丝损坏；

② 喷油嘴线束接头不良；

③ 喷油嘴电路断路或短路到接地；

④ 喷油嘴故障。

（3）故障生成原理　PCM对每个气缸启用相应的喷油器脉冲。喷油器电源电压由蓄电池提供。控制模块通过驱动器的固态装置使控制电路搭铁，以控制各喷油器。控制模块监测各驱动器的状态。如果控制模块检测到对应于驱动器指令状态的电压不正确，则设置一个喷油器控制电路故障诊断码。

（4）故障识别条件　发动机控制模块检测到喷油器高电压控制电路对搭铁短路，并持续2s以上。

在燃油泵继电器正常作动，系统燃油压力维持在300～350kPa、系统供电电压介于11～16V的状态下，如果PCM中喷油嘴驱动晶体管，察觉实际电压值与其喷油嘴作动时机不符合设定标准值时被设置故障码P0261。

2. 故障码P0262分析

（1）故障描述　喷油嘴1控制电路电压过高。

（2）故障原因　可能故障原因：

① 喷油嘴熔丝损坏；

② 喷油嘴线束接头不良；

③ 喷油嘴电路断路或短路到接地；

④ 喷油嘴故障。

（3）故障生成原理　PCM对每个气缸启用相应的喷油器脉冲。喷油器电源电压由蓄电池提供。控制模块通过驱动器的固态装置使控制电路搭铁，以控制各喷油器。控制模块监测各驱动器的状态。如果控制模块检测到对应于驱动器指令状态的电压不正确，则设置一个喷油器控制电路故障诊断码。

（4）故障识别条件　发动机控制模块检测到喷油器高电压控制电路对电压短路，并持续2s以上。

在燃油泵继电器正常作动，系统燃油压力维持在300~350kPa、系统供电电压介于11~16V的状态下，如果PCM中喷油嘴驱动晶体管，察觉实际电压值与其喷油嘴作动时机不符合设定标准值时被设置故障码P0262。

3. 故障码P0201分析

（1）故障描述　喷油器1控制电路断路。此诊断监控喷油嘴的电气控制。
（2）故障原因
① 发动机控制模块和喷油嘴1之间的电线束损坏。
② 喷油嘴1损坏。
（3）故障生成原理　如果喷油嘴电压＞210V并且喷油嘴上的电荷＜300μA·s，则识别到该故障，设置故障码P0201。
（4）故障识别条件
① 电压条件：车载网络电压＞10V。
② 温度条件：冷却液温度＞-20℃。
③ 时间条件：无。
④ 其他条件：发动机运转。
（5）故障存储条件和显示　立刻记录故障。
（6）故障处理措施
① 检测PCM和喷油嘴1之间的电线束。
② 检测喷油嘴1：测量喷油嘴线脚之间电阻［标准值：(200±10)kΩ］，如果未达到标准值，则更换喷油嘴。

4. 电路检测

① 将点火开关置于OFF（关闭）位置，断开相应的线束连接器。
② 将点火开关置于ON（打开）位置，观察相应的故障诊断仪各个气缸喷油器控制电路状态。该参数应显示为"开路"。

如果不是规定值，则测试相应的高电源电压电路发动机控制模块侧是否对搭铁短路，或相应的高电压控制电路发动机控制模块侧是否对电压短路。如果电路测试正常，则更换发动机控制模块。

③ 将点火开关置于ON（打开）位置，在相应的高电压电源电路和高电压控制电路之间连接一个测试灯。喷油器控制电路状态应从开路变为正常。

如果不是规定值，则测试线束发动机控制模块侧是否存在以下情况。
　a. 高电源电压电路开路/电阻过大。
　b. 高压控制电路开路/电阻过大。
　c. 高压控制电路对搭铁短路。
　d. 高电源电压电路对电压短路。
如果电路测试正常，则更换发动机控制模块。

④ 将点火开关置于OFF（关闭）位置，测量相应的高电源电压电路和搭铁之间的电阻，应该为∞（无穷大）。

如果小于规定范围,则测试高电源电压电路和高电压控制电路是否对搭铁短路。如果电路/连接测试正常,则测试或更换相应的喷油器。

⑤测试相应的高电源电压电路和高电压控制电路之间的电阻是否在2~3Ω之间。

如果小于规定范围,则测试高电源电压电路和高电压控制电路之间是否短路。如果电路/连接测试正常,则测试或更换相应的喷油器。

如果大于规定范围,则测试高电源电压电路和高电压控制电路是否开路/电阻过大。如果电路/连接测试正常,则测试或更换相应的喷油器。

三、点火开关和喷射装置过载保护继电器

图8-34 继电器

1. 功能概述

总线端KL.87接通后,发动机控制单元控制点火开关和喷射装置的过载保护继电器。

在通过发动机控制单元控制后,总线端30线接触励磁线圈。点火开关和喷射装置过载保护继电器吸合,从而将总线端KL.87(供电电压)切换到连接的控制单元和组件。图8-34为继电器。

2. 内部电路

维修图解

机械式继电器按照电磁铁原理工作。励磁线圈内的电流将产生一个穿过铁磁芯的磁流。在其边上,是一个活动支承的、同样是铁磁性的电枢。在空气间隙上,形成了对于电枢的作用力,以切换触点。一旦线圈不再被激励,电枢便会通过弹力被复位到初始位置。图8-35为继电器内部电路。

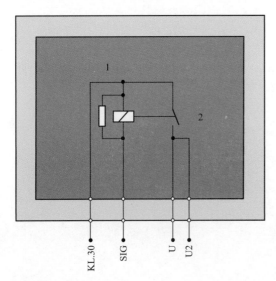

图8-35 继电器内部电路
1—励磁线圈;2—开关触点;KL.30—总线端KL.30长时正极;SIG—控制励磁线圈(总线端KL.15接通后通过发动机控制单元);U—总线端KL.87供电导线(例如至配电器);U2—总线端KL.87供电导线(取决于装备)

3. 标准参数

点火开关和喷射装置过载保护继电器参数见表8-14。

表8-14　点火开关和喷射装置过载保护继电器参数

项目/说明/物理量	参数
低压侧供电电压	9～16V
温度范围	-40～85℃

四、电动风扇诊断说明

1. 诊断说明

电动风扇（图8-36）安装在冷却器后面，发动机控制系统控制电动风扇，发动机控制系统通过总线端30经一个继电器切换供电。

图8-36　电动风扇
1—电动风扇驱动装置；2—4芯插头；3—集风罩

电子分析装置对临界状态进行一次内部故障诊断。如果识别到某个故障，则尽可能久地保持运行。如果通过脉冲宽度调制的控制失效，则用一个固定脉冲负载参数控制电动风扇紧急运行。

2. 功能概述

电动风扇由发动机控制单元通过一个按脉冲宽度调制的信号控制（分析通过风扇电子装置进行）。发动机控制单元通过一个按脉冲宽度调制的信号（7%～93%）控制水箱风扇的不同转速。小于7%和大于93%的脉冲负载参数都不会触发控制，而只被用于故障识别。水箱风扇转速受冷却液出口（水箱）处的冷却液温度和空调器中的压力影响。随着行驶速度的上升，水箱风扇转速被降低。

在电动风扇空转时,发动机控制系统将频率降到10Hz。通过脉冲负载参数可以选择时间(最长11min)和风扇转速。

3. 内部电路

维修图解

电动风扇驱动装置是一个无刷电动机。电动风扇有一个自己的电子分析装置,并通过一个按脉冲宽度调制的信号调节转速。正常运行时的脉冲负载参数(100Hz)被转换成转速信号。图8-37为电动风扇内部电路。

① 7%脉冲负载参数:待机模式(电子分析装置保持清醒)。
② 11%脉冲负载参数:最小风扇转速(33%额定转速)。
③ 93%脉冲负载参数:最大风扇转速。
④ 97%脉冲负载参数:用于电子分析装置自诊断的命令。

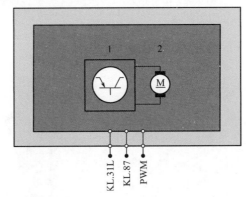

图8-37 电动风扇内部电路
1—电子分析装置;2—电动风扇驱动装置;KL.31L—负荷接地;
KL.87—经过水箱风扇断路继电器的总线端KL.30蓄电池电压;PWM—脉冲宽度调制信号

4. 失效影响

电动风扇失效时,将出现以下情况:
① 在发动机控制单元中记录故障代码;
② 功率降低(发动机过热时);
③ 组合仪表上出现检查控制信息;
④ 发动机关闭后,车前部的热临界部件会损坏(发动机停车升温)。

五、电动风扇故障码分析

车辆在怠速或车速过慢时,空气流动的速率就不足以及时带走发动机散发的热量,这时候,冷却风扇把外界空气抽取进来帮水箱散热。PCM依各种不同状况提供高速或低速风扇运转。

1. 故障码P0480分析(一)

(1)故障描述 风扇控制,低速,输出故障。

（2）故障识别条件　当点火电压（蓄电池电压）正常，PCM要求作动风扇继电器，控制电路检测到高电位，不作动时控制电路检测到低电位，且PCM在80次连续监控中，有40次测量到上述情形时，此故障码就会被设定。

（3）故障原因　可能的故障原因：
① 熔丝烧毁；
② 风扇控制电路接头线束产生断路；
③ 风扇控制电路接头线束产生短路到接地或短路到电源；
④ 风扇控制电路接头线束接触不良；
⑤ 低速风扇继电器故障。

2. 故障码P0480分析（二）

（1）故障描述　电动风扇，控制，断路。该诊断监控电动风扇和发动机控制单元之间的导线。

（2）故障原因
① 电线束损坏。
② 电动风扇断电继电器损坏。
③ 电动风扇损坏。

（3）故障生成原理　如果电动风扇无供电，则识别到该故障。

（4）故障识别条件　总线端15接通。
① 电压条件：车载网络电压＞10V；
② 温度条件：环境温度＞-20℃；
③ 时间条件：5s；
④ 其他条件：无。

（5）故障存储条件和显示　如果故障存在时间超过5s，则被记录。

（6）故障处理措施
① 检查发动机控制单元和电动风扇之间的电线束。
② 检查电动风扇的供电。
③ 拔下电动风扇并在供电和控制之间测量电动风扇电阻。如果电阻大于1MΩ，则更换电动风扇。
④ 检查电动风扇断电继电器电线束。
⑤ 更换电动风扇断电继电器。

3. 故障码P0481分析

（1）故障描述　风扇控制，高速，输出故障。

（2）故障原因　可能的故障原因：
① 风扇控制电路接头线束产生断路；
② 风扇控制电路接头线束产生短路到接地或短路到电源；
③ 风扇控制电路接头线束接触不良；
④ 高速风扇继电器故障；
⑤ 风扇作动继电器故障。

（3）故障识别条件　当点火电压（蓄电池电压）正常，PCM要求作动风扇继电器，控制电路检测到高电位，不作动时控制电路检测到低电位，且于125ms中80次连续监控中，

40次测量到上述情形时,此故障码就会被设定,生成故障码P0481。

六、制冷剂压力传感器诊断说明

1. 概述

冷暖空调的制冷剂压力传感器(图8-38)安装在冷凝器和蒸发器之间的高压管路内。冷却运行时,制冷剂压力通过制冷剂压力传感器感测并在冷暖空调控制单元中分析("IHKA"表示"自动恒温空调")。

根据传感器信号,在制冷剂压力过高时通过冷暖空调控制单元调节或关闭空调压缩机。根据制冷剂压力,通过冷暖空调控制单元感测风扇挡,并将风扇挡通过总线传输至发动机控制单元。

2. 功能说明

制冷剂压力传感器通过感压元件分析制冷循环回路高压管路中存在的制冷剂压力。制冷剂压力传感器获得恒定不变的电压。实际的测量信号是一个受制冷剂压力影响的线性传感器输出电压。然后,该压力信号再被转换为数字信号并通过总线发送给冷暖空调控制单元。

3. 内部电路

维修图解

控制单元(JBE或FEM或BDC)给制冷剂压力传感器提供5V电压和接地。图8-39为制冷剂压力传感器内部电路。

图8-38 制冷剂压力传感器
1—制冷剂压力传感器;2—3芯插头

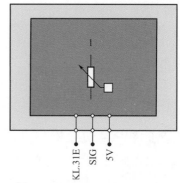

图8-39 制冷剂压力传感器内部电路
1—制冷剂压力传感器;KL.31E—总线端KL.31E
电子接地线;SIG—信号线;5V—供电电压

4. 参数和特性

制冷剂压力传感器的信号波动取决于压力。0.4~4.6V的测量范围对应10kPa~3.5MPa(0.1~35bar)的压力。相应的风扇挡仅受制冷剂压力影响。表8-15为制冷剂压力传感器参数。

表8-15 制冷剂压力传感器参数

项目 / 说明 / 物理量	参数
电压范围	4.5～5.5V
电流消耗	小于20mA
温度范围	-40～85℃

5. 失效影响

制冷剂压力传感器失灵时，预计会出现下列情况：
① IHKA控制单元内出现故障代码存储记录；
② 空调压缩机被关闭或未打开。

七、制冷剂压力传感器故障码分析

制冷剂压力传感器位于储液筒上，它将空调管路内的制冷剂压力转换成电压值，然后输入给PCM。PCM会依照制冷剂压力传感器所传送的制冷剂管路压力信号来决定"开启"或"关闭"压缩机。当高压侧的管路压力高于3.1kPa时，压缩机电磁离合器会释放。当高压侧的管路压力低于1.7kPa时，压缩机电磁离合器会接合。

1. 故障码P0532分析

（1）故障描述　空调制冷剂压力传感器电压太低。在制冷剂压力传感器上识别到对地短路。
（2）故障原因　可能故障原因：
① 制冷剂压力传感器电路接头线束产生断路；
② 制冷剂压力传感器电路接头线束产生短路到接地或短路到电源；
③ 制冷剂压力传感器电路接头线束接触不良；
④ 制冷剂压力传感器故障。
（3）故障识别条件　当点火电压（蓄电池电压）正常，开启AC开关与鼓风机，制冷剂压力传感器电路检测到的电压值低于测量刻度值2%，且于125ms中160次连续监控中，80次测量到上述情形时，此故障码就会被设定。
如果故障持续存在的时间至少达到10s，则记录到故障代码存储器中。
（4）故障处理措施　检查制冷剂压力传感器的供电电压。
如果拔下制冷剂压力传感器后在电线束上测得的供电电压明显低于5V，必须检查至传感器的导线是否损坏。如果导线正常，则更换控制单元。
如果拔下制冷剂压力传感器后，在电线束上测得的供电电压约为5V，则更换制冷剂压力传感器。

2. 故障码P0533分析

（1）故障描述　空调制冷剂压力传感器电压太高。在制冷剂压力传感器上识别到对正极短路。

（2）故障原因　可能故障原因：

① 制冷剂压力传感器电路接头线束产生断路；

② 制冷剂压力传感器电路接头线束产生短路到接地或短路到电源；

③ 制冷剂压力传感器电路接头线束接触不良；

④ 制冷剂压力传感器故障。

（3）故障识别条件　当点火电压（蓄电池电压）正常，开启AC开关与鼓风机，制冷剂压力传感器电路检测到的电压值高于98%，且于125ms中160次连续监控中，80次测量到上述情形时，此故障码就会被设定。

如果故障持续存在的时间至少达到10s，则记录到故障代码存储器中。

（4）故障处理措施　检查制冷剂压力传感器的供电电压。

如果拔下制冷剂压力传感器后在电线束上测得的供电电压明显高于5V，必须检查至传感器的导线是否损坏。如果导线正常，则更换控制单元。

如果拔下制冷剂压力传感器后，在电线束上测得的供电电压约为5V，必须更换制冷剂压力传感器。

八、凸轮轴电磁阀

1. 概述

进气和排气凸轮轴电磁阀（图8-40）轴向布置在气缸盖前部。凸轮轴电磁阀（内带止回阀）将发动机油压分配给两个凸轮轴调整装置。

可调式凸轮轴控制装置正时控制系统用于在低转速和中等转速范围内提高扭矩。同时为怠速和最大功率设置最合理的气门配气相位。

2. 功能说明

可调式凸轮轴控制装置改善低速和中等转速范围内的扭矩。通过较小的气门重叠可在怠速下产生数量较少的剩余气体。通过部分负荷区的内部废气再循环降低氮氧化物。此外还有以下作用。

① 废气催化转换器的加热更快。

图8-40　凸轮轴电磁阀

1—进气凸轮轴电磁阀；2—排气凸轮轴电磁阀；
3—2芯插头；4—2芯插头

② 冷机启动后的有害物质的排放更少。

③ 降低燃油消耗。

一个凸轮轴电磁阀用于控制此凸轮轴调整装置。可根据转速和负荷信号计算出需要的进气凸轮轴和排气凸轮轴位置（与进气温度和发动机温度有关）。DME控制单元相应地控制凸轮轴调整装置。进气凸轮轴可在其最大调节范围内可变调节。达到正确的凸轮轴位置时，凸轮轴电磁阀保持调节缸两个叶片腔的油容量恒定。因此可将进气凸轮轴保持在该位置上。为了进行调节，可调式凸轮轴控制装置需要一个有关凸轮轴当前位置的反馈信号。进气侧的一个凸轮轴传感器检测凸轮轴位置。在车辆启动时，进气凸轮轴在极限位置上（在"滞后"位置上）。

3. 内部电路

维修图解

进气凸轮轴电磁阀是通过一个2芯插头连接的（图8-41），通过总线端KL.15N为凸轮轴电磁阀供电。发动机控制系统发送按脉冲宽度调制的控制信号。

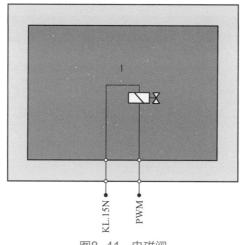

图8-41 电磁阀

1—进气凸轮轴电磁阀；KL.15N—总线端KL.15，电源；PWM—脉冲宽度调制信号

4. 配气相位图表和参数

（1）怠速 在怠速时，凸轮轴被调节到只有很小的气门重叠，甚至是没有气门重叠。很少的剩余气量将使得燃烧更加稳定，怠速也因此稳定。达到最小的气门重叠时，伴随着的是很大的进气角度和排气角度，甚至到了最大。此时，VANOS电磁阀不通电。即使在关闭发动机的情况下，仍占据该凸轮轴位置。

（2）功率 为了在高转速时达到良好的功率，排气门较晚打开。这样，燃烧延长到柱塞上。进气阀在上死点后打开，在下死点后较晚关闭。流入空气的动态再增压效果因此可以用于提高功率。

（3）扭矩和功率 为了实现较高的扭矩，必须达到一个较高的气缸进气度。根据进气管压力峰值或进气管压力谷值的相位，必须提前或延迟打开或关闭进气门或排气门。根据进气管长度，不带可变凸轮轴正时控制系统（凸轮轴）的发动机具有准确的最佳气缸进气转速。带凸轮轴的发动机可以在宽的转速范围内用优化的气缸进气来描述。原因：既可以避免新鲜气体被推回进气管，又可以避免剩余气体回流到气缸。

（4）涡轮增压时扭矩升高 涡轮发动机转速较低时，在增压区域扫气压力差为正，气门重叠角较大，因此可以充分扫气并获得明显更大的扭矩。第一个效果：流经发动机的空气比用于燃烧所需要的更多，这样压缩机就不会处于喘振限上。第二个效果：气缸中几乎不再有剩余气体。

（5）部分负荷时的内部废气再循环　与按扭矩或功率优化凸轮轴位置不同，调节进气凸轮轴和排气凸轮轴可能会同时造成废气再循环量增高。对于内部废气再循环量起决定作用的是气门重叠大小以及排气歧管和进气管之间的压力差。

内部废气再循环有下列特性。

① 相对于外部废气再循环反应时间更快（对于内部废气再循环进气集气箱无剩余气体）。

② 废气热量快速回流到气缸中（附加的热量在发动机冷状态时有助于达到更佳的混合气制备并由此达到更低的碳氢化合物排放）。

③ 减小燃烧最高温度并因此减小氮氧化物排放量。

表8-16为凸轮轴电磁阀参数。

表8-16　凸轮轴电磁阀参数

项目/说明/物理量	参数
电压范围	6～16V
脉冲负载参数	1%～99%
控制信号频率	100～256Hz
线圈电阻	约10.5Ω
工作压力	≤10bar
温度范围	-40～150℃

九、制动信号灯开关诊断说明

1. 概述

在制动信号灯开关（图8-42）内，安装霍尔传感器，作为开关使用。

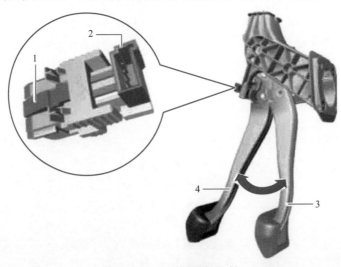

图8-42　制动信号灯开关
1—制动信号灯开关；2—4芯插头；3—制动踏板已踩下；4—制动踏板未踩下

2. 功能说明

制动信号灯开关是不能移动的部件,且为非接触式工作部件。开关状态的改变可通过制动踏板上一个铁磁性释放部件的离开或接近来实现。

霍尔传感器的电阻根据磁势而变化。如果制动踏板未踩下,制动踏板杆处于制动信号灯开关上方。如果制动踏板已踩下,制动踏板杆处于制动信号灯开关下方至少1.8mm。

未操纵制动器时的开关状态:制动信号灯开关输出端导通而制动信号灯测试开关输出端断开。

制动信号灯开关所发出的两个冗余信号都将由便捷进入及启动系统(CAS)读取。CAS将这些信号转发到总线系统上,例如给发动机控制系统。

制动信号灯开关所发出的这些信号还通过硬接线转发至以下系统:倒车灯脚部空间模块(FRM);制动干预动态稳定控制(DSC)。

3. 内部电路

> **维修提示**

霍尔集成电路和磁铁牢固安装在开关壳体中。制动踏板不需要施加制动信号灯开关复位力。制动信号灯开关由便捷进入及启动系统供电(总线端KL.30B)。图8-43为内部电路。

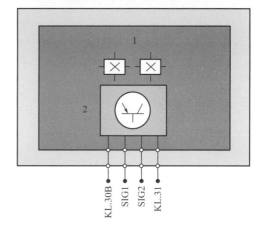

图8-43 内部电路
1—霍尔传感器;2—电子单元;KL.30B—总线端KL.30B
基础运行;SIG1—霍尔传感器1信号;SIG2—霍尔
传感器2信号;KL.31—接地端

4. 制动信号灯开关参数

表8-17为制动信号灯开关参数。

表8-17 制动信号灯开关参数

项目/说明/物理量	参数
电压范围	6～16V
正常运行下的耗电	≤8A
开关断开输出电阻	1.5MΩ
温度范围	-40～85℃

5. 失效影响

制动信号灯开关失灵时，将出现以下情况。
① 便捷进入及启动系统内出现故障代码存储记录。
② 动态稳定控制系统（DSC）内出现故障代码存储记录。
很多车现在逐渐使用总线系统，不再硬接线，而是发送一个总线信号至DSC。
③ 脚部空间模块（FRM）内出现故障代码存储记录。
④ 由于总线系统上缺少信息，发动机控制系统内出现故障代码存储记录。

十、制动信号灯开关故障码分析

当踩下制动踏板时，制动开关不导通而制动灯开关导通，PCM会根据此项信号来检测制动踏板的状态。

> **维修提示**
>
> 检查制动开关必须是在安装制动踏板支架的状态下。

故障码P0504分析如下。
（1）故障描述　制动开关联动性问题。
（2）故障识别条件　定速状态下行驶超过20km，制动灯开关与制动踏板开关作动时间差超过2s，故障码会被设定。
（3）故障原因　可能故障原因：
① 制动开关电路断路；
② 制动开关电路短路到电源或接地；
③ 制动开关故障。

第四节　总线诊断

一、总线概要

CAN（控制器局域网络）是一种用于实时通信的串行通信线路。它是一种车用的多路通信线路，具备高的数据通信速度和很强的检错能力。车辆上装备了许多电气控制单元，在操作过程中控制单元之间相互连接，共享信息，而并非独立（图8-44）。在CAN通信中，电气控制单元由两条通信线路连接（CAN_H线路、CAN_L线路），两条线路之间是由网关控制模块来作为数据传递的桥梁，这样可以利用更少的线路进行高速率的信息传输。每个控制单元都能够传输/接收数据，但只是选择性地读取所需要的数据。

Chapter 08　第八章　元件监测及诊断

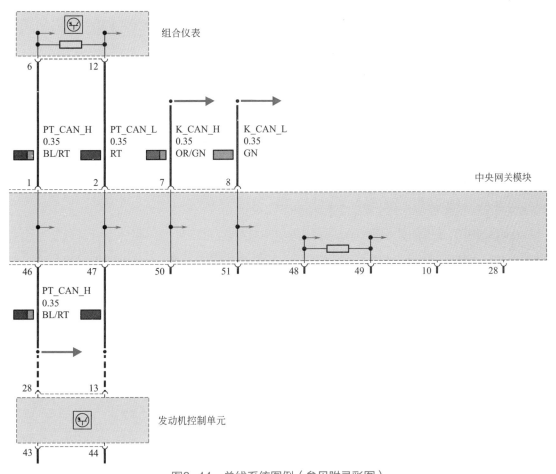

图8-44　总线系统图例（参见附录彩图）

维修图解

总线系统是一个用于交换数据和/或信息的汇流线系统。总线将主控单元（总站）与大量独立的控制单元连接。总线上所有的单元均为并联（图8-45）。

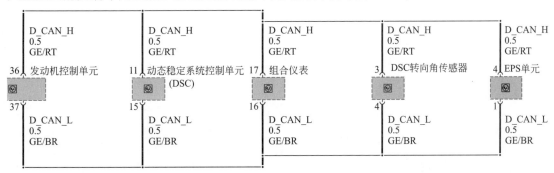

图8-45　总线上所有的单元均为并联

车辆中的电子控制单元通过一个网络相互连接。中央网关模块在这个系统网络中起重要作用。中央网关模块负责将信息从一个总线系统传递至另一个总线系统。

173

发动机控制单元和底盘调节系统通过PT-CAN（或PT-CAN2）和FlexRay总线系统与ZGM连接。常用车辆电气系统的控制单元通过K-CAN和K-CAN2连接。

对于信息和通信技术范围内的大部分控制单元来说在MOST用作信息载体使用。车辆诊断通过D-CAN连接。通过访问以太网进行车辆的编程/设码。总网络由保障各个控制单元之间通信的不同的总线系统构成。

二、总线类型

1. 车身总线CAN（K-CAN）

K-CAN用于部件的低数据传输率通信。K-CAN通过中央网关模块也可与其他总线系统连接。一些K-CAN中的控制单元使用一根LIN总线作为子总线。K-CAN的数据传输率为100kbit/s，并采用双绞线结构（两根绞合的导线）。K-CAN可在故障情况下作为单线总线运行。

2. 车身总线CAN2（K-CAN2）

K-CAN2用于控制单元的高数据传输率通信。K-CAN2通过中央网关模块也可与其他总线系统连接。一根LIN总线作为子总线连接在K-CAN2内的所有控制单元上。K-CAN2的数据传输率为500kbit/s，并采用双绞线结构。

3. 传动系总线CAN（PT-CAN）

PT-CAN将发动机控制与变速箱控制以及安全和驾驶者辅助系统范围内的系统相连接。通过连接至各个系统的分支线构成线型结构。PT-CAN的数据传输率为500kbit/s，并采用双绞线结构。

4. 动力传动系总线CAN2（PT-CAN2）

PT-CAN2是发动机控制范围内的PT-CAN的一个冗余，也用于将信号传送至燃油泵控制单元。PT-CAN2的数据传输率为500kbit/s，结构是双导线配以辅助唤醒导线。

5. MOST总线系统

MOST是一种用于多媒体应用的数据总线技术。MOST总线使用光脉冲用于数据传输，其结构为环形结构。环形结构中的数据传输只沿一个方向进行。只有中央网关模块才能实现MOST总线和其他总线系统之间的数据交换。车辆信息电脑用作主控制单元，其余总线系统的网关是中央网关模块。

6. FlexRay

每个通道最大数据传输率高达10Mbit/s，FlexRay明显快于今天在车辆的车身和驱动机构/底盘范围内使用的数据总线。中央网关模块建立不同的总线系统和FlexRay间的连接。根据车辆的装备状态在ZGM中有一个或两个各带有四个总线驱动器的星形耦合器。总线驱动器将控制单元的数据通过通信控制器传输至中央网关模块（ZGM）。受到限定的数据传输确保每条信息实时传输给定时控制的部件。实时表示在规定的时间内进行传送。

三、总线故障诊断

1. 总线系统故障原因

下列故障原因可能会导致总线故障：总线导线短路；总线导线断路；网关中出现故障；控制单元发送和接收部件中出现故障；终端电阻。

对于CAN总线上相连的两个控制单元，在两根通信线CAN_H和CAN_L之间装有一个负载电阻120Ω。在相连的控制单元中可以测量两根通信线之间的一个电阻60Ω（并联）。通过在控制单元电阻上的接口测量该电阻可以简便地检测导线。在拔出状态下可以直接测量相关控制单元的电阻。不带负载电阻的控制单元在标准状态下的值在10～50kΩ之间。

负载电阻安装在ASC/DSC控制单元中或组合仪表、发动机控制装置中（各有不同，视车而定）。

2. 故障码U0001

（1）故障描述　高速CAN总线通信故障。

（2）故障识别条件　当蓄电池电压大于11V且PCM检测到32个测试样本内有16个测试失败，发动机故障灯亮，则此故障码被设定。

（3）故障原因　可能的故障原因：
① CAN通信系统电路短路到接地；
② CAN通信系统电路短路到电源；
③ CAN通信系统电路之间互相短路；
④ PCM至组合仪表板之间的CAN通信系统电路断路；
⑤ PCM或/与组合仪表板内部的终端电阻故障；
⑥ 发动机的故障会影响到其他模块作动。

参 考 文 献

［1］周晓飞．汽车构造与原理百日通．北京：化学工业出版社，2017．
［2］孙兵凡．汽车定期维护．北京：化学工业出版社，2018．
［3］李林．汽车维修技能1008问．北京：机械工业出版社，2013．
［4］姚科业．汽车传感器识别·检测·拆装·维修（双色图解精华版）．北京：化学工业出版社，2017．

附录

本书各章节对应的彩图

图1-1　OBD系统诊断接口位置

图2-1　安装在三元催化器上的前氧传感器

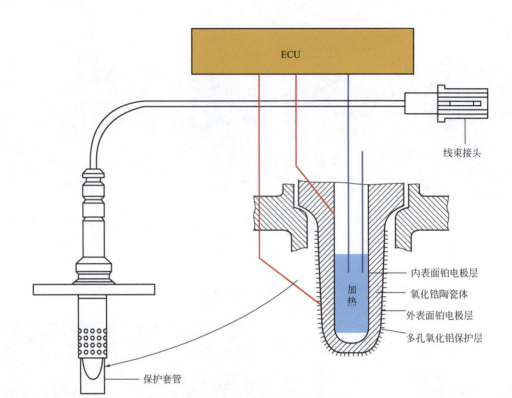

图2-2 氧化锆氧传感器结构

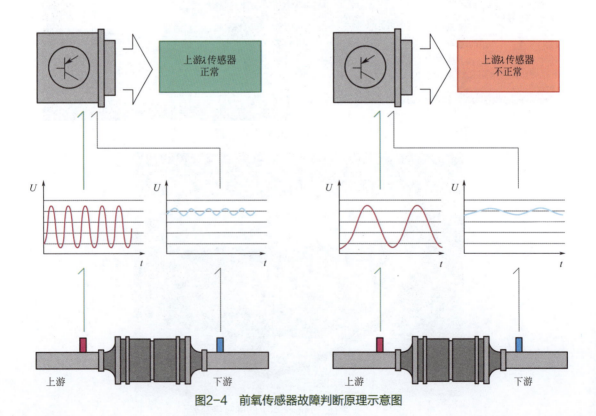

图2-4 前氧传感器故障判断原理示意图

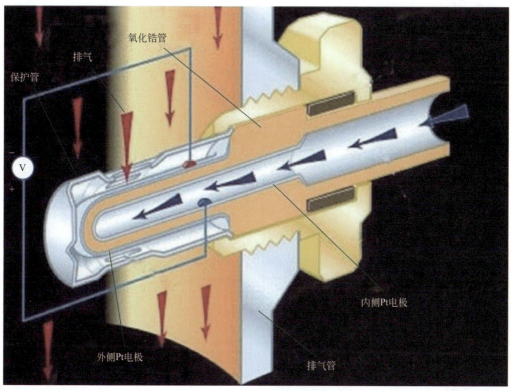

图2-15　氧化锆后氧传感器结构

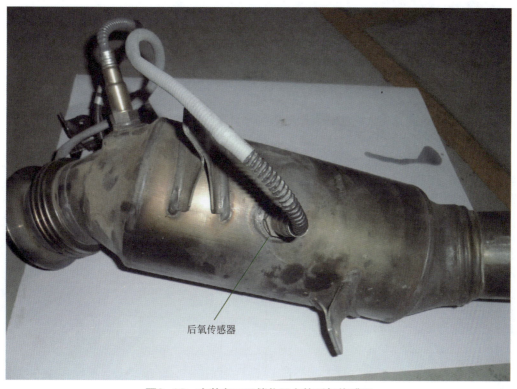

图2-16　安装在三元催化器上的后氧传感器

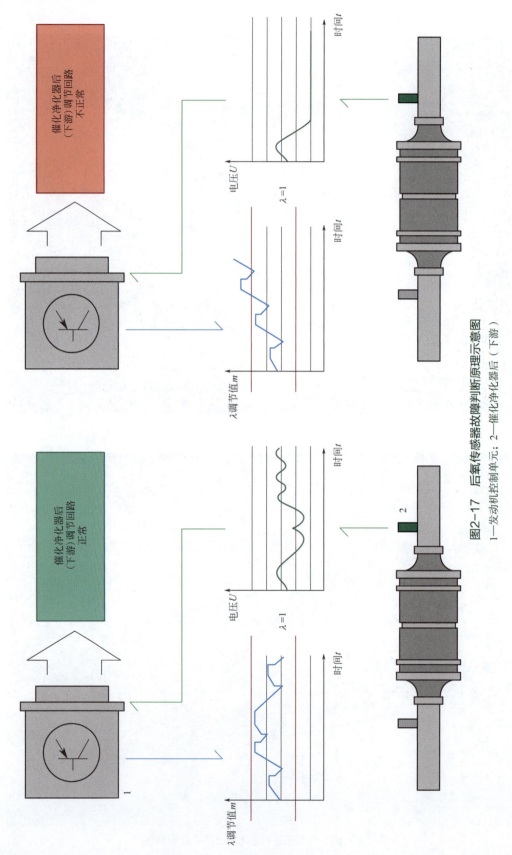

图2-17 后氧传感器故障判断原理示意图
1—发动机控制单元；2—催化净化器后（下游）

Appendix 附录 本书各章节对应的彩图

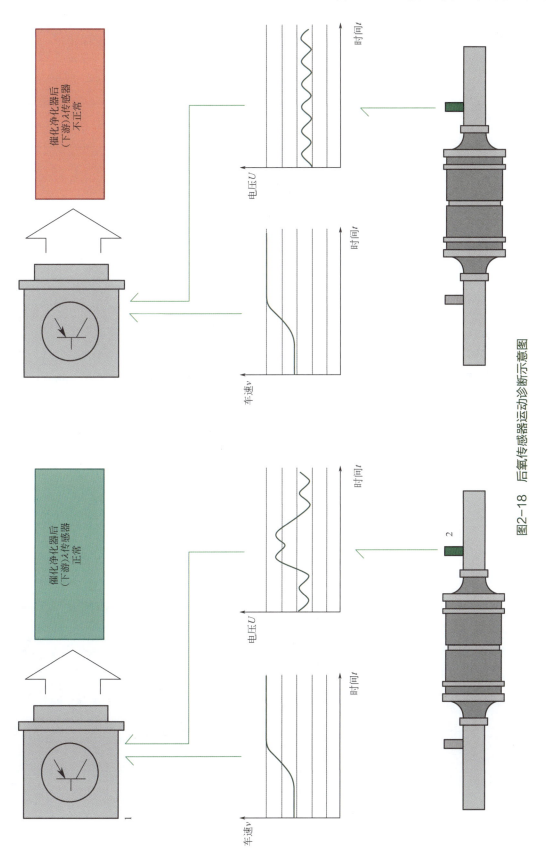

图2-18 后氧传感器运动诊断示意图

181

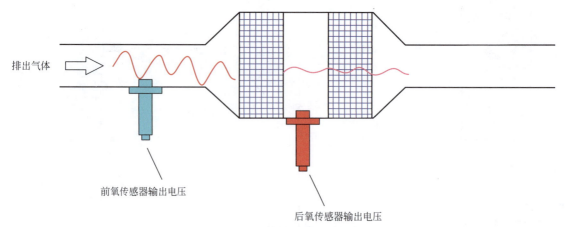

图3-12 氧传感器输出电压

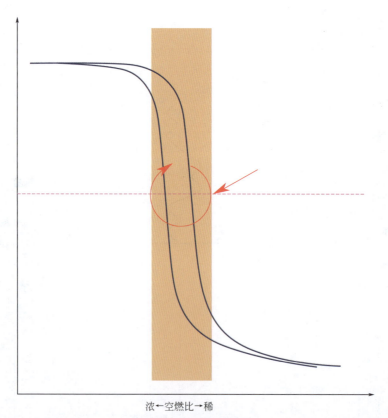

图3-13 理论空燃比

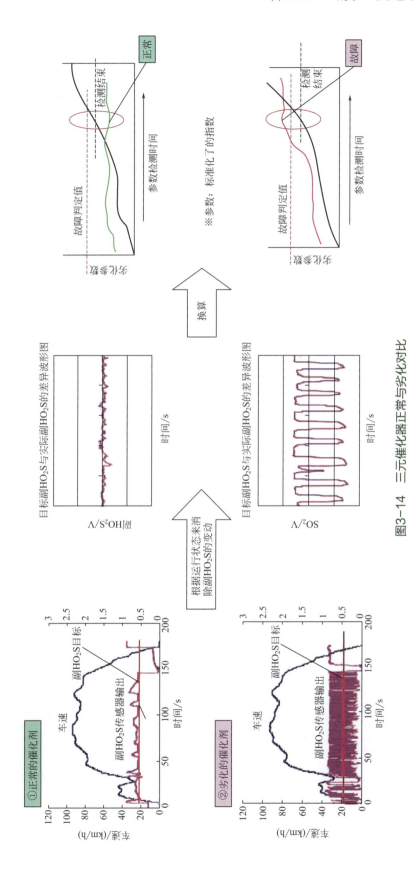

图3-14 三元催化器正常与劣化对比

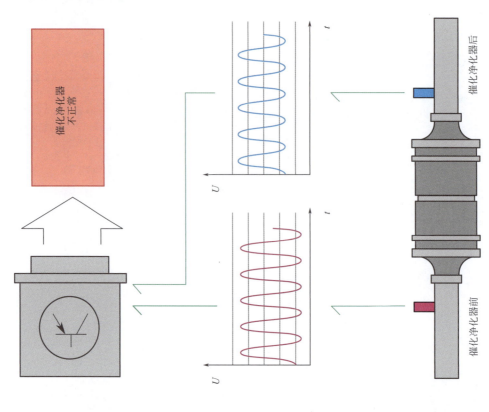

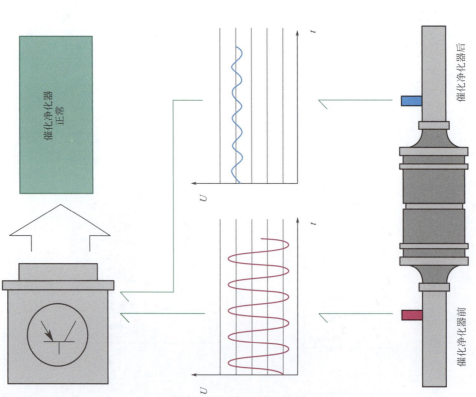

图3-15 三元催化器故障判断

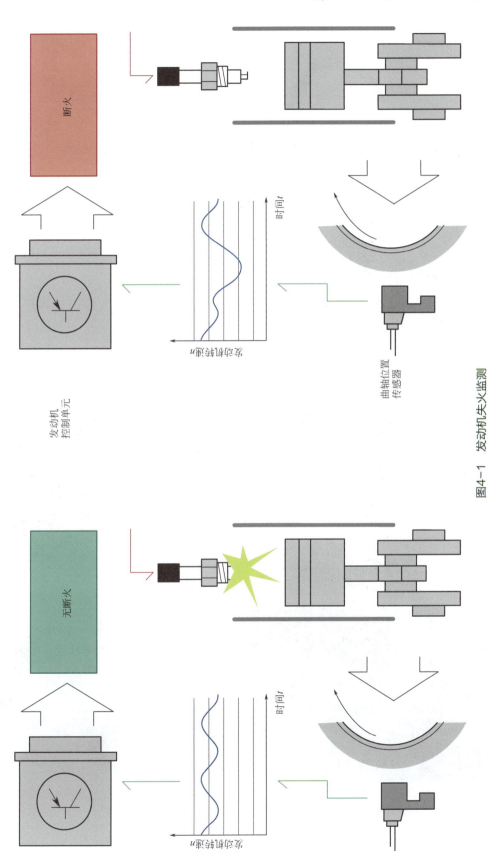

图4-1 发动机失火监测

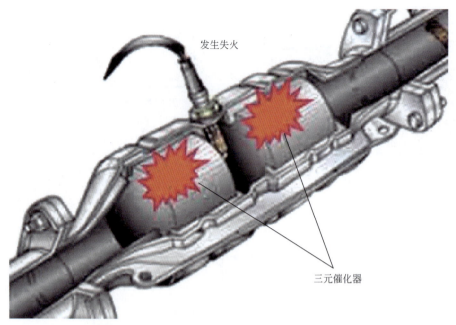

图4-4　A类失火判定示意图（三元催化器热老化）

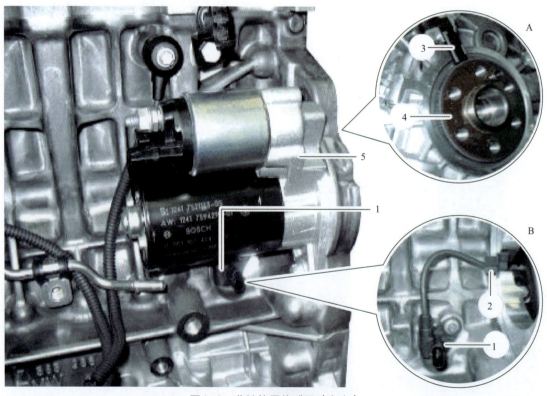

图4-6　曲轴位置传感器（车上）

A—曲轴上的视图；B—不带启动电动机的视图；1—插头连接器；
2—防尘密封件；3—曲轴位置传感器；4—多极传感轮；5—起动机

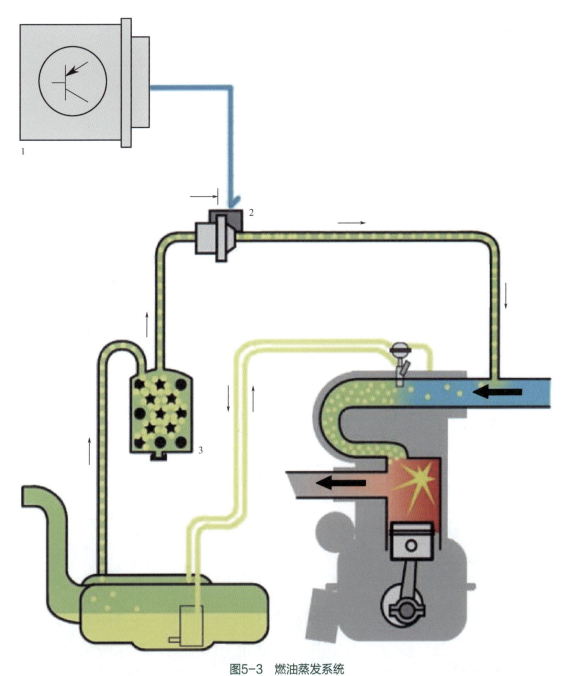

图5-3 燃油蒸发系统
1—发动机控制单元;2—电磁阀;3—活性炭罐

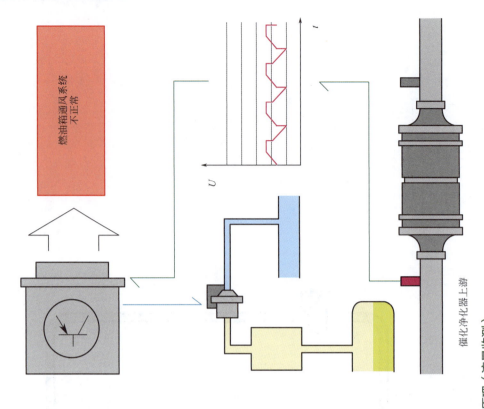
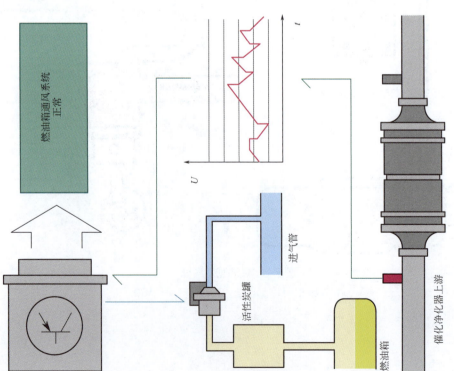

图5-4 燃油蒸发系统监测原理（流量监测）

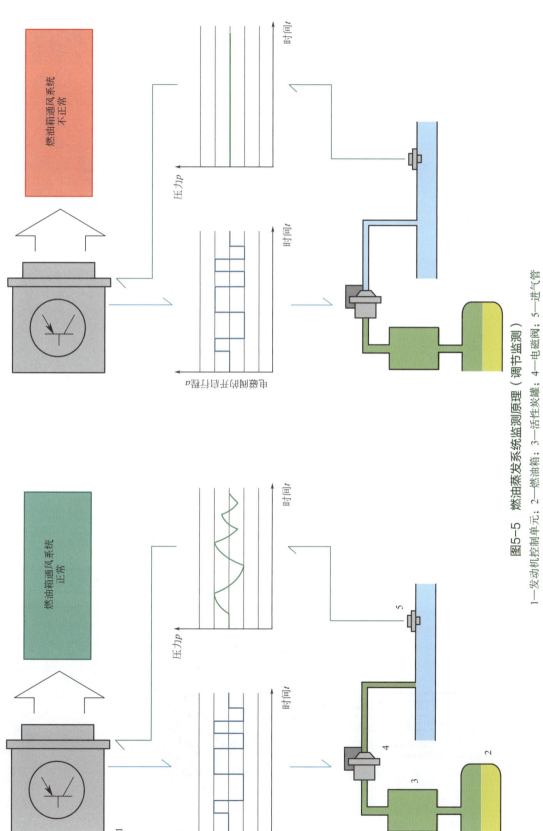

图5-5 燃油蒸发系统监测原理(调节监测)

1—发动机控制单元;2—燃油箱;3—活性炭罐;4—电磁阀;5—进气管

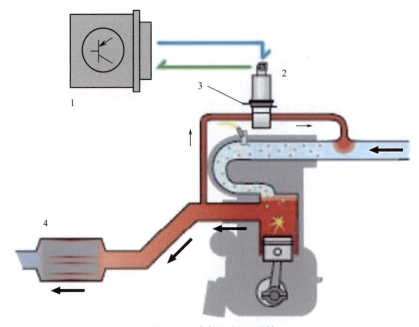

图6-1 废气再循环系统

1—发动机控制单元；2—控制阀；3—废气再循环阀；4—催化转换器

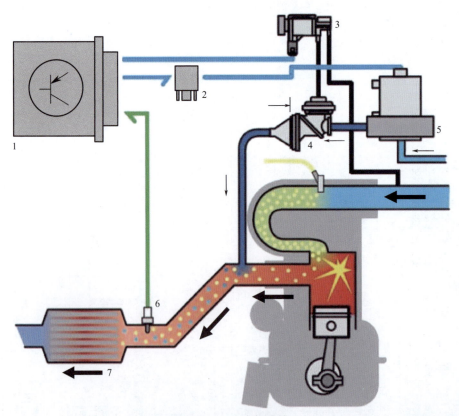

图7-1 二次空气系统

1—发动机控制单元；2—二次空气泵继电器；3—控制阀；4—组合阀；
5—二次空气泵；6—氧传感器；7—三元催化器

Appendix 附录 本书各章节对应的彩图

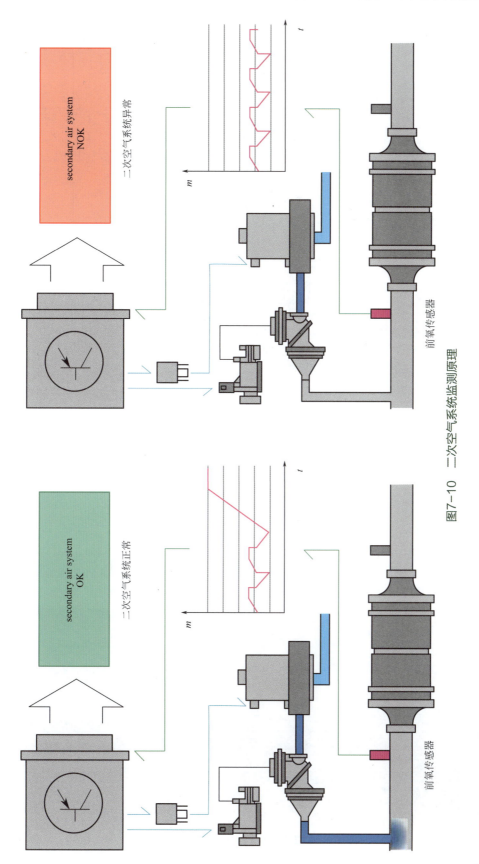

图7-10 二次空气系统监测原理

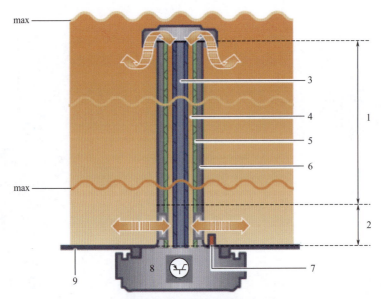

图8-26 机油状态传感器内部结构

1—油位测量范围；2—电容率测量范围；3—内部电容器；4—电介质（发动机机油）；
5—外部电容器；6—壳体；7—温度传感器；8—电子分析装置；9—油底壳

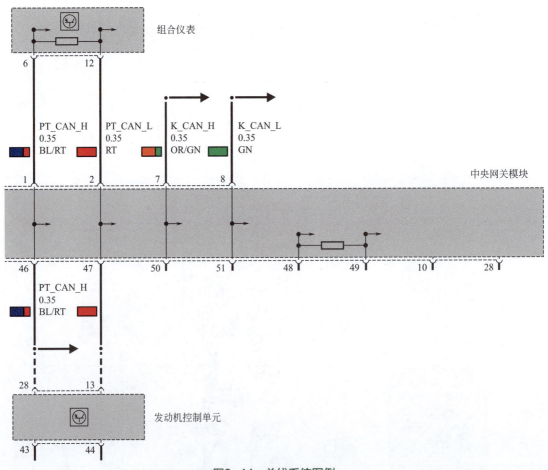

图8-44 总线系统图例